论比较历史研究

〔法〕马克·布洛赫 著
张绪山 张含芝 编译

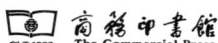

Marc Bloch
POUR UNE HISTOIRE COMPARÉE DES SOCIÉTÉS EUROPÉENNES
UN PROBLÈME D'HISTOIRE COMPARÉE: LA MINISTÉRIALITÉ EN FRANCE ET EN ALLEMAGNE

根据 Marc Bloch,*Mélanges Historiques*,2 Vols,Paris:1963;并参照 *Land and Work in Medieval Europe: Selected Papers by Marc Bloch*, trans. by J. E. Anderson, London: Routledge&K. paul,1967 译出。

目　　录

论欧洲社会的比较历史研究 …………………………… 1

比较历史研究中的法国与德国侍臣阶层问题 …………… 40

译后记 ……………………………………………………… 83

论欧洲社会的比较历史研究①

一

首先,我想排除一种误解,以免沦为笑柄。我不是一种新的灵丹妙药的"发现者"。比较方法拥有广阔的前景;我认为,推广与改进这个方法,是当下历史研究最迫切的任务之一。但这个方法不是万能的,学问上没有万灵法宝。不过,它已经是一种被尝试颇多的方法,很久以来在许多人文学科中已证明其价值。很多人呼吁将它应用于政治、经济以及法制史研究,②但显而易见的是,大多

---

① *Revue de Synthèse Historique*, Dec. 1928. 本文是 8 月在奥斯陆国际历史学大会(中世纪分场)的一篇演讲。我补充了当时受时间限制不得不舍去的论述。

② 奢想在这里开出一份完整的书单,是不合时宜的。在这里我只列述:亨利·皮雷纳(Henri Pirenne)先生在第五届国际历史学大会上发表的致辞(*Compte rendu*, p. 17-32),这个致辞具有重要意义,因为它呈现了一位以民族史著作见称的历史学家的思想;路易·达维尔(Louis Davillé)在《历史综合评论》(*Revue de Synthèse historique*, t. XXVII, 1913)上发表的诸文,这些文章包含着不同于本研究的精神;亨利·塞(Henri Sée)发表在《历史综合评论》(t. XXXVI, 1923;1928 年以 *Science et philosophie de l'histoire* 为题重印)上的文章,以及亨利·贝尔(Henri Berr, t. XXXV, 1923, p. 11)先生的思考。在政治史领域,对比较史学做出积极贡献的论文中,我们提请注意这篇出色文章:Ch.-V. Langlois, "The Comparative History of England and France during the Middle Ages", *English Historical Review*, 1900,以及亨利·皮雷纳对另一个主题的一些精彩论述(H. Pirenne, *Villes du moyen âge*)。

数历史学家尚未心悦诚服地接受它；他们礼貌地表示同意，然后回到工作上，丝毫没有改变他们的习惯。何以如此呢？毫无疑问，是因为他们轻易地相信，"比较史"是历史哲学或综合社会学的一个章节，而对于历史哲学或综合社会学这些学科，历史学家依据其性情，或崇敬之，或以怀疑的微笑打个招呼，但一般而言都小心翼翼不去使用之；他们对一种方法的要求是，它应该是一种专门工具，这种工具在日常使用中易于操作，能产生积极的成果。比较方法本身正是这样的一种方法，但我不能肯定，迄今它是否已得到充分的证明。它能够也应该进入细节的研究。它的前途，甚至我们学科的前途，都取决于它的这种价值。在这里，我想向你们，并在诸位帮助下，阐明这个出色工具的性质以及它可能的用途，并通过一些例子说明它可望发挥的主要作用，最终提出一些更易于运用的实用方法。

今天我的演讲的听众是各位中世纪史专家，所以我将优先从人们通常称作"中世纪"的这个时期撷取例证，至于"中世纪"这种称呼的对错，姑且不论。但是，毋庸说，经过适当修正（mutatis mutandis），我将提出的见解也同样很适合于近代欧洲社会，故有时我也涉及近代欧洲社会。

二

"比较历史"这个术语当今已颇为人熟悉，它经历了意义的变化——这几乎是所有常用词都要遭遇的命运。我们且不谈某些明显的滥用。即使抛开错误，仍然存在某种模糊性。在各人文学科中,人们经常将两种迥然不同的思维方法归并于"比较方法"这个名词之下。似乎只有语言学家才仔细地区分之。[①] 让我们从历史学家的角度做一个精确的界定吧。

首先,在我们的研究领域,比较意味着什么?毫无疑问,它是这样做:从一种或几种不同社会环境中,选取两种或更多现象——这些现象乍看起来似乎呈现出一些类似性——然后追溯其演变的过程,关注其相似处和不同点,并尽可能解释之。因此,从历史研究角度,必须有两个条件才能进行比较:观察的现象之间显然须有某种相似之处,产生这些现象的环境须有某些相异之处。譬如,如果我研究利穆赞(Limousin)的庄园制度,那么我就要持续不断地关照从其他庄园获得的资料,用通俗的话说,我将对它们进行比较。但是,我并不认为自己所做的是专业上所谓的历史比较,因为我研究的不同对象取自同一个社会的各部分,这个社会在整体上呈现出很大程度上的统一性。实际上,人们差不多已习惯于将"比较史"这个名称留作专用,用来对比一个国家或民族边境线的不同部分上发生的现象。诚然,在所有社会对比中,政治或民族性的对照总是最直接地冲击人们思想的。但是,我们将看到,这实在是一种严重的简单化。环境差异这种观念更具灵活性,也更为准确,让我们使用这一观念吧。

如此说来,比较手段是通用于这个方法的所有方面的。但根据所要研究的领域,它适用于两个全然不同的用途,这两个用途涉

[①] 特别参见 A. Meillet, *La méthode comparative en linguistique historique*, 1925,我从本书借鉴了关于两种方法发展的总体观念。

及不同原则,产生不同的结果。

我们先看第一种情况。历史学家选择这样一些社会,这些社会在时间与空间上相距遥远,它们之间为人所觉察到的某些现象的相似性,显然不能由相互的影响来解释,也不能由共同的起源来解释。很久以前,耶稣会的拉菲坦(Lafitan S.J.)神父就要求读者对"美洲野蛮人的风俗"与"原始时代的风俗"进行比较。① 从那时起,这就是比较方法中最流行的一种类型。譬如,人们对地中海诸文明(希腊或罗马文明)与我们当代的"原始"社会进行考察,使用的就是这种方法。在罗马帝国早期,距罗马不远、风光旖旎的内密(Némi)湖畔存在一种仪式,这种仪式在一个比较开化社会的风俗中,以其怪诞的残忍性而臭名昭著。任何人想成为戴安娜小神殿的祭司,要满足一个条件,而且只有满足这个条件才行:他必须杀死位子受觊觎的主祭。"如果我们能证明,类似内密祭司制度中的残暴风俗也存在于其他地方;如果可以揭示这种制度形成的动机;如果能证明这些动机在人类社会中一直广泛而普遍地发挥作用,在形色各异的情况下产生了细节不同但总体相似的各色惯制;最后,如果我们能够发现这些动机在古典时期发挥作用的踪迹,那么我们就可以相当合理地推测:在较遥远的年代,它们促生了内密地方的祭司习俗。"②这就是弗雷泽爵士在《金枝》一书中所做的宏大

---

① *Moeurs des sauages amériquains comparées aux moeurs des premiers temps*, Paris,1724;关于这部著作,参见 Gilbert Chinard, *L'Amérique et le rêve exotique dans la littérature française aux VIIe et XVIIIe siècles*,1913,p. 315 以下。

② J. Frazer,*The Golden Bough*,3e édt,I,p. 10. 梅耶(Meillet)先生在前文提及的研究中选取的例证有所不同,乃来自对动物故事的研究。

研究的出发点。《金枝》是论证详备而富有教益的研究范本,其研究完全依据从世界各地搜集的事实。如此理解的比较方法已经广泛地服务于各种研究,特别是对地中海地区古代史的研究;人文教育让我们习惯于把罗马和希腊想象得太像我们自己;但是,人种学者使用的比较方法对我们产生了一种精神震撼,让我们重新形成对差别与异国元素的意识——这种意识是稳健地理解过去不可或缺的条件。其他益处则更具普遍性,譬如,基于类比所做的假设有可能填补文献的空白,受比较方法的启发有可能开辟新的研究途径;最重要的是,有可能对于迄今不得其解的众多遗迹做出解释。我这里指的是这样一些风俗:在它们赖以产生的原初心理环境消失之后,这些风俗存留下来且已固化。如果对其他文明中类似情况所做的考察,不能精确地复原已经消失的情形,那么这些风俗就似乎荒诞离奇,不可理喻:内密湖畔杀人仪式就是如此。[①] 一言以蔽之,这种远程比较方法在本质上就是一种图标填字法。它做出的设定、总要回归的结论,是人类思想在根本上的统一性,或者说,是历史长河中人类掌握的思想资源的单一性与惊人的匮乏,尤其在原始时代,那时——如詹姆斯·弗雷泽爵士所言——"人类处于早期的莽莽榛榛的状态,正在构建自己的人生哲学",情况就更是如此。

但是比较方法还有另一用法,即对一些社会进行平行研究,这些社会是近邻,而且处于同一时代,彼此不断地互相影响,其发展

---

① 注意到这些"遗迹"自然是不够的。还需要考虑的是:一个有趣的事实需要做出解释,这种仪式或惯制已经明显不适应新的环境,为何能存续下来?

受到同一些重大动机的作用,因为它们位置相近而且属于同一时代,可追溯到——至少是部分地——共同的渊源。在严格的历史意义上,这相当于历史语言学(如印欧语言学);而广义的比较历史学庶几相当于普通语言学。不过,无论涉及历史还是语言,情况似乎是,在这两种比较方法中,一种方法在范围上加以愈多的限制,则所得的结果就愈加丰硕。因为它更能做出严格的分类,对于比较对象更有批判性,更有希望对事实得出假设少而精度高的结论。① 这至少就是我想详加阐述的。欧洲的各个社会——尤其是西欧和中欧(l'Europe occidentale et centrale)的各社会——处于同一时代,彼此毗邻而居,即便不是共同的起源,至少也可追溯到几个起源上;我建议你们对这些社会进行比较研究所采用的方法,当然是这种比较方法。

三

要解释现象,必先发现现象。我们将首先说明在最初这一步骤上比较方法的用处。但是,也许有人会问,真的需要劳神费力地

---

① 对于原始文明的研究,现今正明显地出现转向,对有待比较的诸社会进行更严格的分类。我这里正在厘清的第二种方法,完全有理由应用于这些社会,正如它可用于其他社会。此外,限定范围的比较史学的长处,显然同样为另外的方法所拥有;限定范围的比较史学是下文要讨论的,我要讨论研究上的一些建议,以及对地方性的伪原因的防范。这种方法的两个方面拥有某些共同的特征,但这并不意味着不需要进行仔细的区别。对欧洲神圣王权的研究是一个十分明晰的例证,说明比较民族学具有无可比拟的效用,也有局限性;只有它才可以让我们走上对现象进行心理理解的道路,但实践证明它完全不适合于追索事实真相。这便是我在《国王神迹》(Les Rois Thaumaturges, p. 53、59)中想说明的道理。

去"发现"历史事实吗?历史事实可由文献获得,而且只能由文献获得;要阐明历史事实,文献和遗迹难道还不够吗?毫无疑问是可以的,但应该知道如何阅读。一份文献就是一个证人;它像大多数证人一样,除非接受盘问,它们不会说出许多内容。真正的难题是如何提出正确问题。对于历史学家,比较方法之所以珍贵且有裨益,是因为历史学家永远处于审案法官的位置上。

这种情况屡见不鲜。在一个特定社会里,一种现象如此广阔地存在着,造成了众多明显的后果——尤其是在政治领域,扩展开来的影响在史料中通常是最容易发现的——历史学家若非视而不见,必定为之震惊。现在让我们研究一个邻近的社会。情况很可能是这样:一些类似的事件在这个社会里发生了,影响的范围与力量也几近相同;但是,或是因为文献不充分,或是因为政治和社会结构有所不同,这些事件造成的后果并没有立即被人们察觉到。也许不是因为这些结果不严重,而是因为其影响产生于深层,就像那些身体上的隐秘之疾,没有立刻显示出清晰的症候,多年隐而不现;当它们最终显现时,还是不可能辨识,因为观察者不能将显见的结果与久远的初始原因联系起来。难道这只是一个理论上的假设吗?为了说明事情并非如此,我要列举个人研究中的一个例子。很遗憾,我不得不赤膊上阵,因为研究者通常都不会费神劳力地记录其探索过程,文献也没有提供任何案例,可以取代我亲身的经历。①

---

① 我在下文(以及稍后讨论梅岑的理论时)提前谈到了我长期研究农耕制度的一本著作的成果,书中的结论我在会议的另一小组报告过。参阅 Les Caractères originaux de l'histoire rurale française, Oslo, Aschehoug, 1931, p. 262。

如果说欧洲土地史上发生过一次真正引人注目的变革,那就是15世纪初叶前后到19世纪最初几年发生在英国大部分地区的大变革,即大圈地运动;这个变革以两种形式(圈占共地与圈占可耕地)展开,基本特征可表述为公共义务的消失与个体农耕的增长。我们这里只考察农耕地圈占运动。我们首先考察一种耕地制度,根据这种制度,可耕地在收获后立即转为公共牧场,然后再做耕种,孕育另一季的收获,在这种耕作节奏中,它遵循着为集体利益而制订的规则;在这场变革的末期,所有土地都获得了严格意义上的个人占有权(appropriation personnelle)。这场大变化的所有方面,都吸引着我们的关注:它在大变革历史上所引发的争论;关于这场变革的大多数文献(国会法案与官方调查)的相对易得;这场大变革的历史与政治史的关联(这场变革受益于大地产主所主导的国会的发展,而国会的发展又反过来使乡绅[gentry]力量更加稳固);它与英国经济史上的两个最直接且明显的事件的关系——我指的是殖民扩张与工业革命,这场变革为这两个事件提供了便利(此点一直受到怀疑,对我们而言,知道它受人争议就足够了);最后,这场变革发挥影响的特点,即:它不仅扩展到社会现象方面(揭示这些现象总是那么棘手),而且影响到英国景观的显著特色,使乡村到处竖起篱笆,而从前则是一望无际的敞地。所以,英国的历史书,无论如何简单,都不会不讲圈地运动。

我们打开法国史,甚至是经济史,却丝毫看不到对这类运动的叙述。不过,它们肯定存在过。特别是,由于亨利·塞(Henri Sée)的研究,现在我们开始认识到它们的存在,尽管还远远不能估计其范围;更不清楚它在法国与英国社会中发展的相似性与不同点。我们先暂且不讨论最后这个主题。恰如其分地使用比较方法，首要的任务不是讨论差异点的意义，而是去发现事实。迄今为止最引人注目的是，在法国，公共义务的消失还几乎没有为人察觉，只是在有些阶段、有些地方被注意到，如英国的情形一样，在这些地方，这种现象见诸官方文献，即18世纪的"圈地裁定书"以及"圈地裁定书"之前或后面的官方调查，因而可现成地见到。然而，同样的演变也发生在法国的另一个地区，即普罗旺斯，那里所经历的这种演变，据我所知，至今无人注意到。这种演变发生在比较遥远的时代，即15、16及17世纪。较之更北部的地区，普罗旺斯的变革可能更为深刻、更为有效，而更北部地区发生的同样事件已经受到反复的研究；但不幸的是，普罗旺斯发生变革的时代，经济生活尤其是农村生活，在作家或行政管理者那里几乎没有引起任何关注；而且，变革也没有引起景观上的明显改变（公共义务的消失没有导致栅栏的建立），因此很容易湮没无闻。

在普罗旺斯与英国，圈地造成的反响是相同的吗？眼下我对此无解。而且，我很不相信，英国圈地运动的特点会重现于地中海岸边。相反，我印象深刻的是南方的独特性，它使得南方耕地结构与北方迥然不同，因而它没有像英国那样，引发"条田"的重新分配，导致"土地合并"；它使得南方形成非常特殊的经济习惯（尤其是转场放牧），以及这些习惯导致的英国农村不存在的社会状态。我想特别强调的，是大畜牧业主与其他等级人群之间存在的对抗。

不过，注意到这一点是极有趣的：在一个地中海国家里存在一个独具特色的现象，迄今为止，这个现象似乎主要见于纬度较高的地区。而且，在普罗旺斯地区也不难见到这个现象；进一步的考察说明，相当数量的文件可以让我们追索其路线：这些文件包括伯爵法规、公社所做的审议，以及诉讼案——这些篇幅冗长、内容无所不包的诉讼案，有力地证明了一些严肃的关键利益。但是必须想方设法找到这些文件，并对它们进行对照研究。如果说我能够做到这一点，这肯定不是因为我特别熟悉这些地方文献，远非如此。我现在与将来对它们的了解，都永远不及那些以普罗旺斯史为日常研究领域的学者。只有他们才真正能开采出矿藏，而我只是指出矿藏的存在。相较于他们，我这里只有一个不大且非个人化的便利条件：我读过有关英国圈地运动的著作，或者研究其他欧洲国家发生的类似的农业革命的著作，而且我已经尝试着从中汲取灵感。简言之，我已经使用了最有效的魔杖——比较方法。

四

现在我们转向解释。

我们仔细比较邻近的不同社会的事实，希望从中得到的最明显的效用，是它能让我们辨识出这些群体相互间发挥的影响。毫无疑问，审慎的调查会显示出，中世纪诸社会之间存在着某些仿效过程，这些仿效过程至今还没有得到充分的研究。此举一例，提出来只是作为一种研究上的设定。

相较于它的前代墨洛温王朝*，加洛林王朝显示出一些完全

---

* 墨洛温王朝（481—751年）：法兰克王国的第一个王朝，由法兰克人首领克洛维（466—511年）所创立。——译者

独有的特点。在与教会的关系上,墨洛温家族只是普通的世俗之人。而丕平与其继承者在加冕礼上接受了圣油的涂敷,获得了神圣的印记。墨洛温家族像当时的信徒一样,控制、充实、利用了教会;他们从不劳心费神以这股公共力量服务于王朝训令。但加洛林王朝的行事全然不同。虽然他们在掌权时必定支配教士,利用教士财产为自己的政策谋利,但他们显然认为自己有义务在尘世建立神法。他们的立法活动在根本上是宗教性的,具有道德色彩。前些日子我从报纸上读到奈吉·瓦哈比埃米尔(l'émir ouahabite du Nedjed)颁布的诏令,我得到的深刻印象是,它与法兰克敕令集(capitulaires)中的虔诚文献具有相似性。国王或皇帝召开的御前会议与宗教大会并没有显著差别。最后,在墨洛温王朝统治之下,在社会中已占有重要地位的保护关系,只是处于法律的边缘,而在传统上法律无视保护关系的存在。相反,加洛林王朝却承认这些关系,批准了这些关系,对委身之人离开其领主的情况,做出规定并加以限制;他们想用这些人身关系来巩固公共和平,而公共和平曾是他们固执地追求的宏图中极度珍视、极难达到的目标。"让每位封主对手下人采取强制行动,以便使之更加服从与赞同皇帝的指示与训令"[①],810年一个敕令中的这句话简明地概括了帝国的社会政策。毫无疑问,对墨洛温王朝时期的高卢进行彻底的研究,就会发现这些特征中任何一个特征所具有的萌芽。然而,同样千真万确的是,如果仅仅研究高卢,那么加洛林国家就似乎是"无中

---

① *Cap*., n° 64, c. 17 (éd. Boretius): «Ut unusquisque suos iuniores distringat ut melius ac melius obediant et consentiant mandatis et praeceptis imperialibus.»

生有"(ex nihilo)。但是，让我们看一看比利牛斯山以远的情况吧。人们注意到，7世纪以后，在蛮族统治下的欧洲，各位国王接受了——以其中一位国王埃尔韦(Ervig)的说法——"至为神圣的涂油礼"(sacro-sainte onction)。① 这是西哥特诸王的做法。一种完全宗教性的君主制，全神贯注于以国家行动执行教会的命令：这就是西哥特的君主制。在西班牙，宗教会议与政治会议混淆起来；西哥特君主的法律，为了行使控制权，很早就被领主与附庸的纽带关系所取代，②越来越多地将军事组织建基于这些人身关系之上。③ 自然，除了这些相似点，人们也不难发现不同之处。主要的不同之处是，早期加洛林王朝统辖着教会，而不像7世纪的哥特君主那样被教会所统辖。不过，相似点仍然是极为明显的。是否应将这些相似点视为相似原因——这些原因需要做出说明——在相同方向两个方面上发生作用而造成的结果呢？或者说，鉴于西哥特人的相关事件明显早于法兰克人的相关事件，我们是否应该相信，某种王权以及王权角色的观念，一些有关封建社会体制以及它被国家所运用的观念，首先出现在西班牙，进入其立法文献中，稍

---

① 第十二次托莱多会议(681年)，埃尔韦王信件中的称呼：Mansi, t. XI, col. 1025。

② 文献集，Sànchez-Albornoz, *Les behetrias*, dans *Anuario de historia del derecho espanol*, t. 1, 1924, p. 183, 184, 185 之注。桑切兹－阿尔博诺兹(Sànchez-Albornoz)的研究对西哥特的 *patrocinium* 一词做出了最可靠且完全的解释。特别注意 *Codex Euricianus*, CCCX 中的这个段落，它原来是用于 *buccellarius*（私家武士），又重现于 *Lex Reccessvindiana*, V, 3, 1, *buccellarius* 这个词取代了一个更宽大的短语：*ei quem in patrocinio habuerit*。

③ 埃尔韦法典(680—687年)，见 *Lex Visig.*, IX, 2, 9, éd. Zeumer, in-4°, p. 378；参见 Sànchez-Albornoz, *loc. cit.*, p. 194。

后被法兰克诸王的近臣及诸王本人有意识地接纳过来呢？要有权利回答这个问题，显然需要详细的研究，我在这里不能涉入其中。这个问题的主要目标，是研究西哥特人的影响通过何种渠道渗入高卢。一些众所周知的事实，似乎在客观上使这种假设具有相当的可能性。无可争议的是，在阿拉伯人征服之后的这个世纪里，法兰克王国中存在着一个西班牙人定居点（diaspora）。来自西班牙边区（de partibus Hispaniae）的逃亡者被查理曼与虔诚者路易安置在赛普蒂马尼亚＊，这些人大多身份卑微；但也有一些人来自上流阶层（majores et potentiores），还有一些神甫，换言之，被迫离开这个国家的这些人，对这个国家的政治与宗教风俗是熟悉的。[①]一些西班牙人避难于高卢，供职于教会，创造了光辉的业绩，如图灵的克劳德与里昂的阿戈巴尔，阿戈巴尔在法兰克王国传播了在原居住国已经实现的统一法；尤其是奥尔良的赛奥多尔夫，他是第一个到达高卢且最有影响的一位。最后，西班牙文的宗教会议文献集对加洛林教会法发挥过不可否认的影响，只是程度范围有待准确评判。我再次强调这一点：我不敢妄下断论，但希望诸位承

　　＊ 赛普蒂马尼亚（Septimanie）位于现在法国的西南部，加龙河与罗讷河、比利牛斯山与塞文山脉之间。在奥古斯都皇帝时期，可能是罗马第七军团老兵的殖民地，故名。此地一直存在到中世纪早期，克洛维将西哥特人逐出法兰克王国以后，是西班牙西哥特人最后的据点；当时包括七城，大部位于朗格多克。732年查理·马特击败阿拉伯人入侵后，开始占领此地，至768年完全占领。加洛林王朝时期，此地成为阿奎丹王国的一部分，在817年成为一个独立公国，9世纪并入图卢兹诸伯爵之手。——译者

　　[①] *Maiores et potentiores*；*Cap.* n° 133（t. I, p. 263, 1. 26）. Prêtres：*Diplomata Karolin.*，t. I, n° 217；*Hist. de Languedoc*，t. II, pr. col. 228. 参见 E. Cauvet, *Etude historique sur l'etablissement des Espagnols dans la Septimanie* 1898, et Imbart de la Tour, *Les colonies agricoles et l'occupation des terres desertes à l'époque carolingienne*, dans *Questions d'histoire sociale et religieuse*, 1907。

认,这个问题值得关注。此类问题非此一端。①

五

论及耶稣与艾赛尼派*,勒南说:"历史上的相似现象,并不总是意味着关联。"确实如此。许多相似点,如果细加审视,并不能解释为模仿。我想说,这些相似点观察起来非常有意思,会让我们真正迈出前进的一步,激情满怀地探寻原因。在这里,历史比较方法似能为历史家提供最明显的帮助,让他们走上找到真正原因的道路,同时,也许最重要的是,使他们得到一个虽不起眼但很必要的好处:防止他们走进死胡同。

大家都知道14、15世纪法国的全国等级会议或外省等级会议指的是什么。(我使用这些称号,取其惯常而大略的含义,这样用起来方便,我当然知道全国等级会议与外省等级会议是渐次联系起来的,而真正的"全国"等级会议实际上从来没有召开过,最后,外省的范围在相当长时期内也是不固定的。)关于外省等级会议,

---

① 加洛林君主仿效别人,反过来又被别人仿效。它对盎格鲁—撒克逊君主的影响似乎还没有得到充分研究。Helen M. Cam, *Local government in Francia and England. A comparison of the local administration and jurisdiction of the carolingian Empire with that of the west saxon kingdom*,1912。这篇论文虽然有用,但远没有穷竭这个问题。

* 艾赛尼派(Essenes)是一群对耶稣有共同信仰的人,称作"神圣集体"。这个隐秘的神圣集体,在公元前3—前2世纪及公元1世纪,在巴勒斯坦的死海与埃及的马雷奥蒂斯湖(Lake Mareotis)生活。在巴勒斯坦及黎巴嫩,这个集体的成员被称为艾赛尼(Essenes),在埃及被称为治病者(Therapeutae)。——译者

特别是一些大封建公国的等级会议，最近几年①已有一些专题论文进行讨论。这些论文显示了学者们所做的努力；鉴于有关等级会议（尤其是早期等级会议）的文献贫乏而无效，这种努力就更值得赞赏；这些论文澄清了众多事实，极为有趣。但是，几乎所有作者从一开始就遇到了难以克服的困难，有时甚至没能认清这个困难的性质，即"起源"问题。我很愿意使用历史家们通常使用的这个术语；这个术语很流行，却是模棱两可的。它倾向于混淆两种本质不同、广度不等的思想活动。首先研究等级会议看似从中发展出来的极古老的惯制（如公爵法庭或伯爵法庭）。这个研究完全合理而且必要。但是还有第二步，即研究其原因，解释何以在一定时期这些传统惯制又古树发新枝，获得新的意义，演变成为等级会议（États）；这时的等级会议是承担政治，尤其是财政角色的代表会议，这个代表会议知道，面对君主与枢密院，它拥有某种权力，这种权力也许是从属性的，却是完全清晰的，它按照各种不同方式最终代表这个国家的不同社会力量。找到了胚芽并非揭示了发芽成长的原因。如果停留在阿图瓦来研究阿图瓦等级会议，停留在布列塔尼讨论布列塔尼等级会议，甚至满足于浏览一下法国，我们就无法找到这些原因。这样的做法会使我们迷失在地方小事件的丛林里，赋予这些地方小事件肯定从来不曾有的价值，而不可避免地放过了关键的事物。因为普遍现象只能出自同样普遍的原因。如果说有一件事是整个欧洲范围内出现的现象，那就是等级会议的形

---

① 参见 H. Prentout, *Les États provinciaux en France*, dans *Bulletin of the International Committee of historical sciences*, Juillet 1928 (*Scientific reports presented to the sixth international congress of historical sciences*)。

成(formation des États)——我们保留其法国名称吧。

在彼此相隔很近的不同时刻,等级会议在整个法国涌现出来;可在德国的地方诸侯国中,也出现了 Stände(有趣的是,这两个字在意思上也非常相近),在西班牙出现了 Cortes,在意大利出现了 Parliamenti。英国议会诞生于迥然不同的政治环境中,但英国议会的发展所经历的思想潮流与各种需求,通常类似于支配德国 Ständestaat(等级制国家)形成过程的思想潮流与各种需求。请不要误解我的意思。我完全知道地方研究专论所具有的广泛用途,一点也不想让这些专论的作者逸出他们专门研究的范围,去竞相研究、解决我刚才提及的范围宽泛的欧洲问题。相反,我恳请他们认识到,他们每个人自守一隅,不能解决这个问题。他们能为我们做的工作,是揭示各自研究的省份中出现的不同政治、社会现象,这些现象先于等级会议(或 Stände)而出现,或伴随之出现,因此似可权且列入等级会议产生的可能原因之中。在这个调查中,他们大可注意一下其他地区已取得的成果,简言之,稍微从事一点比较史研究。全面的比较将在稍后进行;如果没有预备性的地区性研究,全面研究是徒劳的;而且,只有全面研究才能从设想的众多原因中,找到发挥普遍作用的原因,即真正的原因。

我认为,不难举出另外的例证。在其他事例中,有一例是非常明显的。12、13 世纪一些小邦国政权在帝国内部形成,逐渐攫取了最大部分的国家权力,德国史学家研究帝国"诸领地"的形成时,通常习惯于把这一现象视为德国特有的。但这种现象真的与法国封建公国的确立无所关涉吗?一些史学家太倾向于单独地从地方性原因解释社会变化,比较方法启发他们要谨慎从事。另一实例是中世纪末与近代初期数世纪中庄园的演变。庄园主们因货币地租贬值影响而在收入上受到威胁时，第一次清楚地意识到贫困化，这种贫困化已经在很长时期内一步步销蚀其财富。[①]在每个国家，他们都致力于规避这个险情。为达此目标，他们因地施策，多少收到了成效。他们增加了习惯法没有严格规定其数量的某些额外产品（英国人的 fines*）；在法律允许的地方，按收成以实物地租代替货币地租（在法国，土地收益分成制**由此得到巨大发展）；粗暴地解散其租佃者，有时各地（英国、德国东部）使用的方法大不相同。在原则上，努力方向是普遍性的，但使用的方法与取得的成效则极为不同。在这里，比较方法让我们看到一个国家的环境与另一个国家的环境之间存在的极其显著的差异——下文我们将看到，这些差异是使用比较方法的主要旨趣之一；但同时它也迫使我们看到，在促成各种结果的最初动力中，存在着一种欧洲现象，只有欧洲性的诸原因可以说明的一种欧洲性的现象。要解释梅克伦堡或

---

① 在作于 1422 年的 *Quadriloge invective*（éd. E. Droz, *Les Classiques françaice du moyen âge*, p. 30）中，阿兰·沙尔捷（Alain Chartier）借骑士之口说出了下面的话："平头百姓有这样一个好处：他们的口袋就像蓄水池储水一样，已经储积并继续储积国家所有的财富……金钱贬值减少了必须付给我们的捐税与地租，食物价格与他们劳动价格的巨大上涨，让他们日积月累地集聚财力。"我没有遇到更古老的文字，像此处一样清楚地表达观察到的现实。不过，很值得继续进行研究。这段话的重要意义是，不是在这个阶段上，这种现象开始显现（人们需要回溯很长的历程才能找到起点），而是在这个阶段上人们开始注意到这种现象。这是常被人忘记的事情。只要领主没有意识到其捐税正在贬值，他们显然不会想办法补救其损失。我们现在都完全清楚地知道，一种货币只要维持名义上的价值不变，受其影响的人们在很长时间内就不容易察觉其贬值。我们再次看到，经济问题转变成了心理问题。

* 即获得或更新租契时缴纳的地租。——译者

** 分成制（Métayage）即出租土地收取实物地租的制度。——译者

波美拉尼亚的庄园制度(Gutsherrschaft),或英国乡绅的土地积累,仅仅借助于收集的梅克伦堡、波美拉尼亚与英国的事实,而不是见于其他地方的事实,则是将时间空耗于一项相当空洞的智力游戏上。①

六

现在我们要注意比较方法经常蒙受的一个误解。人们常常相信或佯装相信,比较方法的目标就是寻求相似处(ressemblances)。人们往往指责比较方法满足于牵强附会的类似点(analogies),指责它有时通过武断地设定各种演变进程之间的某种必然的并列现象(parallélisme)编造出相似性。检讨这些

---

① A. Brun, *Recherches historiques sur l'introduction du français dans les provinces du Midi*, 1923(参见 L. Febvre, *Revue de Synthèse*, t. XXXVIII, 1924, p. 37 以下)精辟地阐述了进行比较研究的必要性,认为只有比较研究才能破除对错误的地方原因的幻觉。此书虽有不足,但不失为一部出色的著作。我们知道,布伦(Brun)证明了,法语只是在 15 世纪中叶以后才开始征服法国南部。他最初只是大致考察相关文献,然后决定将研究扩展到整个法国南部,而不像许多学者规劝他做的那样,仅仅显微无遗地探索一个地区。让我们听听他解释其中缘由:"将问题限制在一个省份,然后穷竭可以找到的大量文献,这大概是优先选择。是的,从严格的方法论角度应如此,但这样做实际上可能导致严重的错误解释。比如说,如果选定普罗旺斯,且注意到法语在这个地区是 16 世纪的一种新事物,人们就会骤然得出结论说,这是再统一—(1481—1486 年)导致的结果——这个结论大致是不错的。但是,这一事件更深层的原因不是统一本身,而是在 15 世纪历史转折点上实现统一时的特殊环境,以及普罗旺斯参与其中的法国南部所有地区同时发生的共同演变。人们注意到这一点了吗?地方性的调查产生地方性的解释,而这种现象的普遍特点——只有它们才具有重要性——是不会被观察到的。"(A. Brus, p. xii)这里已经将道理讲得再清楚不过了。布伦的研究所取得的结果,是对我所主张的这种方法的有力辩护。

指责有时是否有道理,没有任何意义,可以很肯定的是,比较方法如果是这样使用,那它就是一种可悲的歪曲。相反,比较方法如果设计得当,对于理解不同点,无论是固有的不同点,还是由同样起点的歧异发展带来的不同点,都会产生特别积极的意义。不久前,梅莱先生有一本著作,意在"揭示日耳曼诸语言对比其他印度-日耳曼语言在发展中的特殊因素",他在著作的开头提出,比较语言学的基本任务之一,就是不断地"阐明不同语言的独特性"。[①] 同样,比较历史研究有义务揭示不同社会的"独特性"。很少有一项工作比这个任务更为棘手,比这个任务更迫切地需要比较方法。这样说是言过其实吗?如果人们不只是想粗枝大叶地确定两个对象并非相似,而是要指出其确切特点的区别(这是极为困难但更有意义的),那么,要做的第一步显然是对它们逐一检核。

首先需要清除一些虚假的相似点,这些相似点通常只是同名而已。有些情况是非常难于对付的。

13、14、15世纪英国的维兰制(villainage)与法国农奴制(servage)被人们视为对应物,这是多么常见的事啊!毫无疑问,粗览之下,二者很容易表现出某些相似点。在法学家与民众看来,农奴(serf)与维兰(vilain)都失去了"自由",在一些拉丁文献中都被写作 servi。(英国作家用法文表述时,毫不迟疑地用 serf 作为维兰的同义词。)最后,同样因为"自由"的缺乏以及这个奴役性的称号,学者们往往把他们与罗马的奴隶等量齐观。但这是一种表面的类似:依时间与环境的不同,"不自由"概念的意义迥不相同。

---

① A. Meillet, *Caractères généraux des langues germaniques*, 1917, p. vii.

实际上,维兰制是英国特有的制度。正如维诺格拉道夫在一部著作——现已成为经典作品——中所指出,[①]这种制度所具有的独特性,源自它诞生于其中的非常特殊的政治环境。

早在12世纪下半叶——远比邻近的法国更早——英国诸王就成功地在全国确立了其法庭的权威。但是这种早熟也有其代价。当时形成的社会状态要求王室法官尊重一种界限,这一界限直到中世纪最终结束也不能跨越;他们必须始终遵守规矩,永不干预封建领主与土地持有者之间的事务,土地持有者从领主手中得到土地,遵守维兰制,即承担某些捐税,尤其是"庄园"(英国称作manor)习惯法规定的某些劳役。这些土地持有者的身份以其起源颇不相同。一些人,即严格意义上的维兰,被认为是自由的,他们只是因持有佃领地而依附于领主,他们隶属于农庄(villa);另一些人(servi,nativi)通过人身与世袭纽带而依附于主人,这些纽带关系在此一时期被视为奴役地位的标志。但是,所有这些人,不管其传统地位如何,都不接受王室法庭的审判;在他们与领主的关系(只有在这些关系)中,他们完全不受国王法庭(tribunaux d'État)的干预,也不受制于这些法庭实行与制定的法律,即王国内实行的普通法(Common Law)。其结果是,在13世纪,基于共同的无资格状态,即人们可以想见的极明显且极为不利的状态,他们聚合成一个独特的阶级,尽管他们最初存在区别。如何定义这个成分斑

---

① P. Vinogradoff, *Villainage in England*, 1892. 文献数量自然是庞大的。真正说来,即使是英文著作,整体上涉及这个专题的著作也是屈指可数。参见 Pollock et Maitland, *The history of english law*, 2ᵉ éd., t. I, p. 356 et suiv. et 412 sqq. 法文著作则更无论矣。我想这就是我系统阐述个人观点的理由。

驳的新团体,法学家颇费周章。但是他们很快达成一致,形成一种表述方法:自由人的名称仅用于受国王法庭保护、不受其他所有人侵害的国王臣民。这是自由的新意涵。① 从前的维兰,即纯粹的土地佃领人——如果我可以这样称呼的话——不再被列入自由人(liberi homines)之列,而与世袭为奴者(servus)即生而为奴者(nativus)混为一体,因为前者与后者一样无权利诉诸国王的裁决。农奴与维兰(servus 与 villein)这两个名称逐渐被视为同义词。这种情况大约发生在 1300 年。与此同时,原则上由从前世袭为奴者的后代所承担的某些本质上属于奴役性质的义务,尤其是婚姻捐税,已经逐渐扩展到维兰这个新名涵盖的所有人身上——至少在许多庄园是如此。中世纪社会中常见的这类错合感染(contagion),在这里特别容易扩展开来;这种同化无疑是一种滥用现象:领主是名称滥用的受益者,既然受害者以定义只能诉诸领主的法庭,他们的抗议如何有效呢? 很快人们就承认,维兰制也像从前的奴役制一样,成为世袭性的制度。这种世袭化运动符合这个时代的大趋势。但更受到一种特殊情况的推动。有时发生的情况是,一位身处高位者获得了一块维兰制的佃领地。这块土地转入新人之手,当然仍要承担从前加诸其上的所有捐税以及全部无

---

① 新含义或者更新了的含义。在严格意义的奴隶制时代,奴隶在其与主人的关系上,除了主人,显然没有法官。自由人依靠部落法庭、民众法庭或王室法庭。庄园司法制度的进步(英国逊色于大陆),新的人身与继承关系形式的发展,将个人置于非自由人之列,已经模糊了旧的概念,并剥去了它的法律意义,虽然还没有从人们思想中完全消除之。国家司法制度的复兴重新使之复活。中世纪的法律使其结构适应事实的演化,时常从遥远且模糊的古代民众代表制度中汲取财富。在下面谈维兰的役务时,我们还要见到这方面的一个更明显的实例。

资格条件，这位新佃领者知道这些条件，尤其是，知道在领主面前他的占有权不能享有王室法庭的保护。但是，持有者本人可能是一位社会要人，人们怎能将他骤然归于非自由人之列呢？解决办法是，在土地条件与人身条件之间重新划分界限，同意只将原佃领者的后代——所有后代——视为维兰。一个新的等级，一个微贱的等级，被创造了出来。对这个等级的界定主要依从公共法的一个特点；法学家往往将它表述为：维兰，就其与领主的关系而言，就是农奴或奴隶(servus)，他与领主之间的事务，任何人，甚至国王，也不得介入。

在法国，不存在类似的东西。王室司法权在法国的发展要晚得多，其发展途径非常不同。法国没有类似于英国亨利二世颁布的重大立法法令。王室法庭没有向诉讼人提供严格划分的诉讼手段(像英国的诉状)。通过一系列通常事先几乎没有筹划的僭入——这种僭入早些时候在一个地方，许多年后在另一个地方——国王的人逐步获得通达于全国的权力，且由一个个的案例得到强化。但是，他们的胜利由于进展散漫，并且——至少在开始时——不受任何理论计划的指引，所以渗透更深。在法国，也像英国一样，领主司法权由不同渊源的权力混合而成，它涉及极为不同的依附群体：军事附庸、市民、自由佃领者、农奴。但是，法国君权把领主司法权视为一个不可分的整体。国王的各个法庭可以允许或取消领主审判某类案件权力，承认或不承认其上诉权；但这样做时，原则上并不对庄园的依附者做出区分。就这样，王室法官一步步滑入领主与佃领者之间。所以，没有理由将法国也称作维兰的自由佃领者同化于农奴。这两类人并列共存直到终结。12世纪初叶,法国的农奴(servus,nativus)与同时期英国的 theow*的法律地位非常近似,大可视之为一个惯制上的两个方面。后来,英国维兰制形成了,任何相似性都不复存在。14世纪法国的农奴与同时期英国的农奴(即维兰)属于两个完全不同的阶级。有必要对它们进行比较吗?当然需要。但比较的意义是显示它们的区别,揭示两个国家各自发展过程中呈现出来的明显的对立性。①

让我们将这个比较研究更详细地推进一步吧。在13、14世纪英国庄园的形形色色、花样繁多的物权中,要确切地弄清哪些持有权可归于维兰制佃领权名下,仔细地将它们归于单独一类,与大量同样芜杂的享有"自由"标签的佃领权区别开来,总是不容易的。需要确立某些多少固定的标准,以确定哪些土地是这种土地,以及土地上的佃领者(至少是原初的佃领者)——这些人不受王室司法保护,因为各司法权已经被赋予庄园的领主。在寻找这些特点时,法学家有时认为从土地负载的役务的性质中可以找到这些特点。法学家们造出了"维兰役务"(vilains services)的概念。② 人们形成一致的看法,认为土地上的强制劳役是其表征,这种农役意味着

---

* 盎格鲁-撒克逊时代的奴隶。——译者

① 还有另一种更微妙的假相似:两个不同社会中的两种制度似乎为了相似的目的而设计,但经过分析发现,这些目的实际上是完全对立的,这些制度的产生绝对是出乎相反的需要。譬如,中世纪与近代的遗嘱是一方,罗马的遗嘱是另一方;前者表现的是个人主义对"旧的家族共产制"的"胜利",后者则正相反,它设计出来是便于"族长"(pater familias)行使无限权威,所以它不是源自"个人化趋势",反而是源自一种巨大的"家族集中制"。这个例证取自涂尔干所写的一篇评论(Durkheim, *Année sociologique*, t. V, p. 375),这篇评论是他写的关于方法论的最完备的作品之一。

② 此外,这个短语具有模糊性:servitium 在英国法律语言中,或者更宽泛些,在中世纪法律语言中,既被当作"捐税"的同义语,也被用于指确切意义上的劳役。我这里使用这个词语的狭义。

承担众多时日的劳动,特别是一个不确定因素:无论是劳役的天数,还是何种劳役,任由领主决定。人们普遍认为,担任村庄的头人(reeve,很类似我们从俄国小说里熟悉的村长 staroste),这个义务也同样是一些人自由身份的污点,这些人不管愿意与否,因持有土地而被迫接受这种沉重负担。英国的律师与法官在确立这些规则时,并没有创造什么东西,只是汲取了流行的集体性表述,这种表述早由中世纪社会创造出来,很久即在英国与欧洲大陆混乱地存在着。认为农业劳作与自由不相容,这种观念本身是非常古老的人类思想倾向。在蛮族时代,这种思想包含在"贱役"(opéra servilia)这个词语中,"贱役"这个词语常被用来表达某类劳动。农奴承担不确定的强迫劳动因而有别于自由佃领者,这种观念源自奴隶与隶奴(colonat)之间原初存在的区别,在加洛林时代的高卢与意大利还非常强大。它一直没有完全消失。在法国卡佩王朝时期,一些特权虽没有解除农民的负担,但对这些负担做出了限定,尤其将它们固定下来,这些特权不是被惯称为"豁免权"(franchises)吗?

除了承受一般性的强迫劳役负担,还必须履行领主随意指派的某种特定差役的义务,这种义务在英国限于充当村庄的头人,在德国的许多地方,人们认为它是加诸非自由人身上的。在法国,这个观念不被普遍接受,不过在一些文献中,特别是在 12 世纪的文献中,留下了一些痕迹。[①] 但在法国——我这里只谈法国——这些观念大致说来并没有为任何精确的法律建构提供基本材料。但

---

① 我参考了 *Revue historique du droit et étrangér*,1928,p. 49-50 中的一些文献。

其中的一个观念另当别论,此即强调农业劳作卑贱性的观念,从13世纪始,这个观念被用来划分各阶级的界限,的确比过去更为清晰。但是,它没有像英国一样,用来划定自由人与非自由人之间的边界;而被作为区分贵族与非贵族群众的突出特征之一;贵族不允许自贬身份,而体力劳动被视为有失身份;非贵族群众数量庞大,总是包括那些谁也不想拒绝其自由身份的人,而且现在这种人数量越来越多。但是,法国就从未有人想到以某些不得不从事的特定役务来标识非自由人吗?民众心理对这种表达形式似乎并不陌生。在13世纪初巴黎附近的戈奈斯(Gonesse),一些土地佃领者被其邻人视为农奴,原因是他们被迫承担强加的特殊劳役,尤其是负担被视为贱役的护送囚犯的任务。但是这些佃领者很容易得到国王的承认,他们在法律上毫无疑问是自由人。① 在界定一个农奴时,法国的法学家或法庭都不会诉诸任何出自役务的标准。所以,在这里我们又遇到了最具启发意义的方面之一,它展现了两个关联社会之间的歧异性:两个社会都展示出类似的倾向,但在一个社会中,这些倾向一直模糊不清而杂乱无形,没有获得官方承认,消失在人们称之为公众舆论的观念与情感的综合体中;而在另一社会中,这些倾向开枝散叶,成为棱角分明的法律制度。

我们还应再思考一下中世纪社会诸等级的历史。最合适的研究是揭示这种社会中存在的深刻的不协调现象——实际上,这种不协调是如此之深,我们完全无力解释之,目前我们只能将它们标

---

① 关于此事,见我的文章:*Mélanges d'histoire du moyen âge offerts à M. Ferdinand Lot*,1925,p.55 及以下。我有时疏忽犯错,忘记与英国的事实进行比较。

识出来,以此为满足。

　　首先,我们要回溯到 10、11 世纪左右的西欧与中欧。人类生而有别的观念几乎贯通于各个时代,当时也不会从人们的思想中消失。洛林的查理(Charles de Lorraine)是法国王位候选人,加洛林家族的合法继承者。987 年,为了说明应该拒绝查理的继承权,大主教奥伯龙——有人认为是历史家里歇尔(Richer)以这位高级教士的名义——发表了一篇演说。这篇演说大概是一篇拼凑品,但肯定符合当时的观念。演说提到这位王位追求者的婚姻,缔结这桩婚姻的对方是一位低于自己身份的人,属于附庸等级。① 一位骑士的儿子岂能被人与一位农奴甚至维兰的儿子等量齐观?然而,我们不要误入歧途:作为权利依据,继承权在这个时期还是一种相当薄弱的力量。这个社会与其说是由血缘等级构成,倒不如说是由基于依附关系的相当混杂的各集团所构成;这种保护与依附关系之强劲,超乎人们的想象。即使涉及洛林的查理,我们也要仔细地关注奥伯龙在论证中出乎本能的倾向。毫无疑问,大主教首先严厉地谴责这位加洛林王子缔结这桩门户不当的联姻:"他从附庸等级中娶了一个不般配的女人。"但他记起此人的父亲曾效力法兰西诸公爵,立刻补充道:"假若这位了不起的公爵(于格·卡佩)知道王后来自他自己的附庸之中,将是何等痛苦!"在这里,问题很快转移到了个人层面。在严格意义上,只有奴役地位才被视为世袭性的;但即使如此,它在习惯上也并非与骑士地位绝不相容。至于自由人的权利,取决于不同的地点、形色各异的契约关

---

① L. IV, c. 11.

系、个人的社会关系,等等,而不是出身。接着是12、13世纪。这个时代的思想与法律中出现了一种潜移默化但具有决定性的变化。人身纽带的力量松弛了:臣服逐渐缓慢地变成一种庄严却相当空泛的形式;法国的农奴,即"臣服之人"(homme de corps),自此而后与其说被视为其领主的"人",不如说是一个受歧视等级的成员。立于世袭性之上的各等级形成了,每个等级都有自己的法律规则。但这种丰富多彩的发展呈现出多少差异啊!① 在英国,维兰制牢固地确立起来,但这几乎是唯一真实的等级。在自由人之间,法律完全没有做出任何区别。在法国,最低的阶层是农奴等级,这个等级的成员此后不能进入骑士等级行列;最顶端是贵族阶级,他们与社会其余人等逐渐区分开来,享有私法、刑法与财务法的一系列的特权(有时只是一些遗存的古俗)。最后,在德国,13世纪以后,等级观念以无与其匹的活力发展起来。农奴骑士在法国因等级意识的固化而消失,在德国它却成为了一个界限分明的社会范畴的核心;在德国南部,甚至存在两个这样的等级。一方是贵族,一方是受奴役的群体,它们分裂成一系列叠合起来的等级;贵族也并非全部出身相同(ebenbürtig),或者拥有联姻的权利(connubium)。法学家们在实践中受到启发,创造出著名的骑士盾牌(Heerschild)理论,以便划分社会上层的等级。他们想象出某种梯子,每个等级在梯级的横梁上拥有自己的固定位置。任何一个团体中的个人,如不想失去等级身份,则不能从更低等级身份

---

① 参见 Marc Bloch, *Un problème d'histoire comparée: la ministérialité en France et en Allemagne*, dans Revue historique de droit français et étranger, 1928, p. 86 以下,以及下文 p. 503-528,尤其是 p. 525-526。

者手中接受封地。

这就是我向诸位简单列举的一些例证,这些例证所揭示的情况是:毗邻且同时代的社会,它们总体上向着同一个方向发展,即强调等级化与世袭性;但这种演化所经历的进程及结果,却显示出如此显著的差异,几近于性质上的差异,并且这种进程及结果揭示出各自环境所特有的对比。还有另一些对立性,即使不做解释,也很容易理解,这些对立性源自这些社会的另一种歧途:原来共有的各种制度,在一个社会中保留了下来,在另一个社会里却消亡了。

在加洛林时期,在未来法国的领土上,如同在德国注定享有的版图上一样,每个庄园留给佃领者的土地,大部分都被分成了份地(manses)或胡芬(Hufen)。份地是罗曼语国家人们常用的称呼,胡芬是日耳曼语称呼,拉丁语通常译为 mansus。通常情况下,几个耕种者家族定居在同一块份地上。在领主看来,这块份地仍然是一个单位。捐税与役务是由整个份地承担,不是按照各部分,由它包含的耕地或各建筑物承担;从原则上,这些农耕单位中的任何一个都不允许再分割。现在让我们看一下 1200 年前后的法国吧。几乎在任何地方,人们不再提及作为地籍单位的份地(在有些地方,这个词以罗曼语形式 meix 或 mas 存流下来,但意义已经非常不同,它指的是一幢住宅或乡村开垦地的中心。)[①]人们草拟契据

---

① 此外,这是原始意义(mansus 与 manere 的关系是显而易见的)。佃领地在房屋之后被称作"耕地之母",斯堪的纳维亚的文献就是这样称呼。其派生意义带有专门意义,随着它所指示的制度的消失而消失了,这个词的第一个意义存流了下来,或者说重新复活了。自然,人们可以在一些地方发现该词古代地籍意义上 manse 的遗迹,这都是晚期的例证,这些例证既可以证明过去的事态,也可以证明普遍的演化过程,对于这个演化过程,只有各地的少数庄园得以幸免。

簿时，也不再用庄园内的份地数来估计庄园（seigneuries）的规模。庄园主征收捐税的清单即捐税簿（censiers），也不再像从前一样满足于计点份地：他们开始详细地合计每片土地，至少合计每位佃领者。持有地不再是固定数量的土地。耕地、葡萄园、田舍庭院可以独立地分给世袭继承者和不同获得者。德国的情况则相反，胡芬仍不允许再分割，在大多数庄园，它还是征收地租或役务的基础。诚然，它最终也注定消失，只是非常缓慢，且通常是名虽亡而实存；因为直到庄园制度的末期，德国庄园主仍在千方百计地力图保存佃领地不可分割的原则。法国的庄园主似乎没有做过类似的努力。这种区别似乎很古老，因为在法兰克帝国西部，份地的分裂早在秃头查理*时代即已存在。② 在这里，我不打算去考察其原因。但我想，人们将承认，如果法国或德国的农村史避开了这个问题，将是忽视了一个核心任务。如果我们仅仅考虑一个国家，份地在一个国家的消亡，在另一个国家的残存，就似乎是一个非常自然的现象，无须做出解释。只有比较研究可以显示出，这里面存在着问题。这本身是多么了不起的贡献！在每一学科中，还有什么比认为一切皆属"理所当然"这样的诱惑更加危险呢？

---

* 秃头查理（Charles le Chauve，843—877 年）：加洛林王朝国王，查理曼之孙。——译者

② *Cap*.，n° 273，c. 30（t. II，p. 323）。占有地（possessiones）是罗马-法兰克税收制度的基础，图尔的格里高利（*Hist. franc*.，X，7）已经提供了瓜分占有地的信息，人们禁不住会把这些信息与这个文献加以对比；此处不能讨论法兰克 manse 与罗马 caput 的关系；这是一个极为复杂的问题。

七

当今比较语言学的根本任务之一,是追溯各种语言的原始特点,但是,确切说,最初的努力却指向另一个目标:确定各种语言之间的亲缘关系,寻找母语。比较方法所取得的极为显著的成就之一,是厘清了印欧语族的界限,复原了原始"印欧语"的基本形式——这种复原毫无疑问是假设性的,但却是基于牢固的推测。在这方面,社会组织的历史处于远为不利的情势。较之由惯制所构成的任何体系,语言呈现的构架更加统一且易于确定:语言上的亲缘关系问题是相对简单的。梅莱写道:"到目前为止,还没有遇到任何事例让人们相信,一种既定语言的形态体系,乃是出自两种不同语言形态的混合。在迄今所观察到的所有事例中,一种语言都有一种连续不断的传统",这种传统或是"常见的类型,即长者向幼者的传播",或是出自"语言的变化"。但让我们设想一种情况:在某一个时候,人们发现了一些例证,证明了目前不了解的这种现象,即各种语言间的"真实的混合"。如果真有一天发生那种情况,那么——我还是引用梅莱先生的话——"语言学就得制定新方法了"。① 然而,研究社会的史学家发现各种事实迫使他承认这种"混合"的可怕假设。如果这种假设在语言学领域坐实了,那么,它将对于这门自信心满满的人文学科带来干扰。法语在词汇上深受日耳曼语的影响,在语音上无疑也是如此,但无关紧要;在罗马高

---

① A. Mellet, *La méthode comparative en linguistique historique*, p. 82-83.

卢人们所讲的拉丁语中,也存在某种不情愿的、通常无知觉的变化;日耳曼人的后代采用罗曼斯语方言时,实际上已经从一种语言改向另一种语言。但谁会斗胆说,法国中世纪社会变成了纯然的高卢-罗马社会?比较史可以为我们揭示从前不为人所知的人类社会体之间的互相作用;但是,如果面对的是一些迄今被认为并无共同亲缘关系的社会,却指望从中发现很久以前从一个原初母体社会——它的存在从未受人怀疑——里分离出来的碎片,这是在维持一种希望,但这种希望注定要走向失望。

然而,在一些特殊情况下,比较方法可以揭示一些历史迥然不同的社会之间存在的一些极为古老的关系;遽下断论说这些社会具有共同的亲缘关系,显然是荒谬的,但认为它们可以证实在遥远的过去存在某种文明共体,似乎是合乎道理的。利用有关农耕习惯的研究,来复原文献记载出现以前的欧洲族群分布图,这是很久以前各领域的研究者就有的想法。人们不会无视梅岑(Meitzen)的重要贡献,但现在大家都承认他的工作最终失败了。我们不想详细讨论失败的原因,只是简要地说明一下与失败相关的方法上的缺陷:首先,梅岑混淆了对不同范畴的事实所做的研究,而更恰当的方法是首先区分居住地类型与田地形式;其次,他认定了观察到的历史上通常很近时期的众多现象的"原始"特征,而忘记了它们很可能是较近时期变化的结果;复次,他一门心思考察物质范畴的事实,而忽略了这些事实所反映的社会习惯;最后,他考虑的族群因素,只有历史上得到证实的那些群体,如凯尔特人、条顿人、斯拉夫人等,而这些人是新到这些居地的,他带有成见地拒绝承认先前生活在此地的那些无名群体所发挥的作用,而这些无名群体——用语言学家的话说——乃是"基础",但无迹象表明他们被入侵者毁灭,或被迫放弃了从前的全部习惯或生活方式。从这些错误获得的重要教训是,我们不是要放弃调查研究,而是用更稳健的方法,更深思熟虑的批判精神去研究。从现在起,就要注意某些事实。分片耕种的乡村耕地,无栅栏的长条状乡野,占据了欧洲的大片地区:英国、法国的北部与中部,差不多德国全部,波兰与俄罗斯的大部,都是如此。这与其他迥然不同的耕地形式形成鲜明对照:法国南部差不多是方形耕地,法国西部与英国则是圈地。简言之,欧洲的耕地分布图全然不吻合于政治分布图及语言分布图。耕地分布大概更早。这至少是一种具有可能性的推测。当下我们的任务是搜集事实,而不是去解释之。现在我们所要研究的,是上文提及的第一种类型的土地(被分割的长条敞地),这种类型的土地具有惊人的绵延度,跨越明显分离开来的社会体,很显然,我们首先需要依次尝试各种解释性的假设。不仅要假设原初的文明共同体,而且要假设围绕一个原始中心出现的技术方法的借鉴与传播。有一点是可以肯定的:假若我们只是单独地考察英国、德国或法国的情况,那么我们就永远不能完全理解英国的"敞田制"(open-field),德国的共有耕地制(Gewanndorf),或法国的敞田制(champs ouverts)。

此外,我们从比较史研究中获得的极明确且极必要的教益是,现在应该打破我们试图将社会现实纳入其中的陈旧地志框架了,因为这些框架不够宏阔,难以容纳我们想纳入的材料。一位声望隆盛的学者前些时候写过一本书《厄尔-卢瓦尔的圣殿骑士团》。①

---

① Ch. Métais, *Les Templiers en Eure-et-Loir*, 1896. 这类时代错乱的实例,数量之多超乎想象。在同一个省,我可以提到, Henry Lehr, *La Réforme et les églises réformées dans le département actuel d'Eure-et-Loir (1523-1912)*, 1912。在邻近的大区,则可见 Abbé Denis, *Lectures sur l'histoire de l'agriculture dans le département de Seine-et-Marne*, 1830。(该书大部分篇幅都在讨论大革命前的时期)

对这样天真幼稚的做法，我们只能报以莞尔。但是，在我们这些历史学家中，有谁敢保证有时不会重蹈同样的覆辙？可以肯定，把"省份"（départements）搬移到中世纪，这不是正确的做法。但是，人们在研究过去的法律或经济制度时，不是经常把现存的国家边界视为现成的框架吗？这样的研究存在两个错误：首先是时代错乱（anachronisme），而且是至为明显的时代错乱。对模糊的历史命定论，抱有何种盲目的信仰，才导致人们赋予地图上的这些边界以确定的含义，认为这些边界是先验性的存在物，先于某个具体时刻由战争与条约复杂规则所划定呢？更根本的错误是，即使人们按照当代政治、行政或民族区划，使用一种似乎更严格的方法选取研究的事实，这种错误仍然继续存在：无论哪个时代，何曾有过社会现象的发展会整齐划一地止步于同一些边境——这些边境恰恰就是政权边界即国界——呢？人们普遍承认一个事实：讲奥依语（langue d'oil）的人群与讲奥克语（langue d'oc）的人群之间的分界（或称作边境区），即在日耳曼一侧的奥依语的边界，并不对应于任何国境线或大庄园的边界。文明史上的其他许多事例也是如此。如果研究城市复兴时期的中世纪法国城镇，就要面对两个对象，这两个对象只是名称一致，各方面几乎完全不同：一个是古老的地中海城镇，是平原上的传统生活的中心，即自古以来由权贵、庄园主、骑士居住的城市（oppida）；一个是法国其余地区的城镇，这些城镇主要是由商人居住，是由这些人重建的。有人主观地将后一种类型的城市与德国莱茵兰地区的类似城市截然分明地分裂开来。这种划分有何理由呢？关于中世纪法国庄园：史学家研究卢瓦尔河以北的庄园制度，却打开了朗格多克的文献，此时的疏远之感,岂不甚于打开了埃诺乃至摩泽尔的文献?

研究不同时代欧洲社会生活的任何方面,如果想摆脱主观臆造,研究者必须找到自己的地理框架,这个框架是从内部而不是从外部加以确定的。这是一项艰难的研究工作,需要高度的审慎与不断的探索。但拒绝正视它,则是承认懒惰。

八

如何付诸实践?

毋庸说,除非基于对翔实、严格且记载可靠的事实所进行的研究,比较方法是没有价值的。同样明显的是,人的力量有限,不可奢想在浩渺的地理、编年领域中进行第一手研究。严格意义上的比较史不可避免地总要留给小范围的史学家。现在应该考虑组织进行比较研究,尤其是在大学教学中给比较研究创造一个位置。[①]同样,我们无须掩盖这个事实:由于许多领域的专门研究仍相当落后,比较研究本身也只能非常缓慢地发展。还是那句老话:做得经

[①] 在这里,我想补充一点看法,是特别针对法国大学的,故不宜在奥斯陆会议上展开。我们的高等教育为文凭要求所束缚,在主要的科系,尤为教师资格大纲所束缚,资格大纲现成地从评判委员会那里传到教师手中。诚然,二者都不限于法国史,也包括某些外国史问题。但是,为了实践上的便利,也为了合法性,这些问题通常会在国家框架之内得到处理。其结果是,教师很可能倾向于按照英国或德国的制度授课,或指导学生的研究;如果他不想无视他负责指导的学生们的极可贵的兴趣,在极例外的情况下他所能做到的就是,在教学中保留一席之地,用于目下需要以比较方法进行研究的某些问题,如西欧的领主与附庸制度,市民社会的发展,以及农业革命等。教学与个人研究本来是彼此紧密联系、相辅相成的,可以想见,目前的这种情况对我们的研究造成多大的损害。

年分析,始得一朝综合。① 这句格言颇为人所引用,却没有得到必要的修正:从原则上,只有以"综合"为目的,且为"综合"服务,"分析"才可以用于"综合"。

需要再次提醒专题研究者的是,他们有责任阅读此前已发表的与自己的研究主题近似的文献,这些文献不仅涉及他们本地区(这些文献他们都读),也不仅涉及相关毗邻地区(这些文献他们差不多会读),还要做一件时常被人忽略的事:要阅读这样的文献——这些文献涉及更遥远的诸社会体,这些社会体在政治制度或民族性上与他们所研究的社会是不搭边的。我还想斗胆补充一点:不仅阅读一般的教科书,如果有可能的话,还要阅读与他们的研究性质类似的内容翔实的专题研究。较之宽泛的内容提要,这些专题研究通常更为生动与丰富。从阅读中他们可以发现问题清单中所需要的材料,或发现一些引导其研究的指导性假设,直到有一天他们研究的进展清楚地显示,这些指导性假设需要修正或是放弃。他们将学会不过分重视地方性的虚假原因,同时学会对特殊的差异保持敏感。

呼吁学者们从书本中从事这项基本的调查研究,并不意味着要求他们走捷径。我不想详细讨论材料上的不便,但提一下材料上的巨大不便倒也无妨。书目信息难以搜集,书籍本身更难获取。一个优良的国际图书借阅系统,应该发展起来并扩展到一些重要国家,这样的国际图书借阅系统将对比较史学的未来贡献良多,远

---

① 精确的原文是:Pour un jour de synthèse il faut des années d'analyse(Fustel de Coulanges,*La Gaule romaine*,éd. C. Jullian,p. xiii,1875 年前言)。参见 Henri Berr,*Bulletin du centre international de Synthèse*,juin 1928,p. 28 的反思。

胜大量的明敏建议，但这些国家至今还在小心翼翼地守护着这笔财富，不愿分享。不过，主要的障碍还是来自思想，来自工作习惯，并非不可改变。

语言学家研究一种特定的语言，如果想了解另一语言的一般特点，通常情况下是不难办到的。他参考的语法书向他展列出按类别搜集的事例，其方法近似于他使用的方法，并借助于惯用语解释这些现象，这些惯用语也类似于他所熟悉的惯用语。但历史学家是何其不幸啊！譬如说，如果他熟悉法国社会，想比较法国社会的某个方面与邻近社会（如德国）呈现的类似现象，他翻阅了某些有关德国社会的著作，即使是最基本的教科书，他也会发现自己突然进到了一个新世界。

难道是因为语言不同？不完全是。因为从原则上讲，就像一种语言对应于另一种语言一样，两种学术词汇应该是颇为对应的。自然科学中有许多实例证明这种一致性。严重的问题是，从德文著作到法文著作，大多数词汇并不对应。如何将德文 Hörige 译成法文？如何把法文 tenancier（佃领者）译成德文？人们看到一些可能的译法，但这些译法或是迂曲的表述（如庄园上的依附者指 Hörige），或是近似的表述（Zinsleute 译作 tenanciers en censive，*只是表达一个普遍观念中的特殊意义）；①正如我提出的对 Hörige 的译法，通常情况下这些词语并不常用，并不见于书籍。如果将这

---

* tenanciers en censive 意为"租地佃领人"。——译者

① 人们自然可以译作 Inhaber der Leihegüter（出借地持有者），但是谁会使用这样的表述？此外，Hörige 也不完全表达 tenancier 的意思，其意更为广泛。在西班牙语中，我对自己创造的一种译法感到满意，因为没有一个词可以与 tenure 完全对等。

种缺乏对应词的现象,解释为过于固执地坚守双方语言所保存的中世纪俗语的用法,这种解释是可以理解的;中世纪俗语的分歧是一个不得不接受的历史事实。但情况远非如此。大多数用语的不协调完全是历史学家造成的,正是他们规定了这些词语的精义与泛义。不管对错,也不管有意还是无意,我们编定了这些专门词汇。每一个国家的学术界都在构造自己的词汇,而不注意邻国的情况。所以欧洲历史变成了名副其实的巴别塔。* 可怕的危险就在这里等待着经验不足的研究者,而任何专家一旦离开自己的研究范围,哪个不是"经验不足"之人呢？我曾接触过一位研究者,他当时正在研究古代日耳曼国家的一种公用地,这种公用地由几个村庄共同耕种,至少在某个时期,德国书中称之为马尔克(Mark),①我费了很大气力才使他相信,类似的习俗也存在于、并且仍然存在于德国以外的无数国家,特别是法国;但对于这种公用地,法国文献没有特定词语来表述。

但是,词汇的不协调所代表的,不过是深层的不和谐。从各方面讲,它涉及法国、德国、意大利与英国的研究,但是这些研究从未提出同样的问题。上文我引用过一个实例说明耕地演变问题上存在的恒久的误解。我们也可以不费气力举出其他的同样具有说服

---

* 《圣经》典故。据记载,人类曾联合起来兴建通往天堂的高塔;上帝为了阻止人类的计划,让人类说不同的语言,彼此不能沟通,计划失败,人类从此散布到各地。此事常被用来解释世上不同语言和种族的出现。——译者

① 这个词实际上从来不曾具有这个狭窄的专门意义,而应该如 Allmende 一样被视为"共有地"(communal)的对应词,这在今天是绝对毫无疑问的。参见 G. v. Below, *Allmende und Markgenossenschaft* dans *Vierteljahrschr. für Sozial- und Wirtschatfsgesch*. 1903。

力的例证。譬如,法国与英国描述中世纪社会时使用"侍臣制"(ministérialité),至今仍是一个被完全置之不理的问题;而司法权在不同国家是按照迥然不同的分类来进行讨论的。历史学家是否应该好好思考一下,本国历史上存在的某种制度或事实,是否也见于其他地方,其发展中出现过何种变化,受到何种阻碍,获得怎样的扩张呢?在通常情况下,他无法满足这种合理的好奇心,因为当他就研究的问题查阅书籍而一无所获时,会怀疑书籍上的空白是否可以解释为无事发生,或一个大问题湮没无闻了。

我认为,这次会议将颇为关注各国间由历史达成和解的问题。请不必吃惊,我不打算即兴讨论这个极为棘手的问题。在我看来,比较史学是纯然的科学学科,它指向知识,而非指向实践。但是,致力于实现名词术语与问题清单的调和,又有何妨呢?让我们首先向普通教科书的作者们发出呼吁,因为他们提供知识和向导,居于最重要的位置。我们暂时不要求他们放弃国家性的框架,这是他们日常研究工作的畛域。这个框架显然是人为的构造物,却仍然符合实际的需要。在这一点上,对知识的追求将逐渐变得更加符合事实。但我们恳请他们从此刻起就要记得,他们的著作在境外也有人阅读。正如我们请求专题论文的作者们一样,制订计划,研究他们提出的问题,甚至使用术语时,都要借鉴其他国家完成的著作所提供的知识。这样,通过相互的善意,最高意义上的共同学术语言——一套符号与一种分类体系——将会逐渐形成。比较史学由此将变得更易于理解,并以其精神服务于地方研究,为地方研究注入活力;没有地方研究,比较研究将难有作为,但没有比较史学,地方研究也将一无所获。一言以蔽之,如果你愿意的话,让我们永远停止不加理解地讲述各国的历史吧。答非所问的聋子对话是舞台上古老的滑稽游戏,它可以获得开心观众的廉价笑声,却不是一种值得称道的思想训练。

(本文根据 Marc Bloch, *Mélanges Historiques*, 2 Vol, Paris: 1963, pp. 16-40; 以及 *Land and Work in Medieval Europe: Selected Papers by Marc Bloch*, trans, by J. E. Anderson, London: Routledge & K. Paul 1967, pp. 44-81 对照译出。)

比较历史研究中的法国与德国侍臣阶层问题[①]

一

现在有两部历史著作,一部讨论中世纪法国的惯制,另一部讨论同一时期德国的惯制,不管它们如何出色,逐一读完之后,总会有些东西令人失望。它呈现给人们的是一场不着边际的对话,交谈的任何一方都不会准确地按照另一方的要求做出回答。其中的一本著作探究一个问题,用某种方式解决;但另一本著作大部分篇幅甚至没有提及这个问题。不过,法国与德国这两个社会从起源上拥有——且有充分理由拥有——很多共同点,其发展过程呈现出无可争议的相似性。毫无疑问,它们从一开始即存在众多差异,这些差异似乎随着时代变迁而变得愈加明显。如果两方的研究不提出同一些问题,那么如何确切地阐明这些差异呢?[②]

[①] *Revue historique de droit français et étranger*,1928,p.46-91.
[②] 德国学者恩斯特·迈耶(Ernst Mayer)先生已经做出尝试,完成了一部德国与法国的惯制比较史:*Deutsche und französische Verfassungsgeschichte*,1899,2 Vols。可以说,这部著作富有教益与启发性,但还有不少猜想性的东西,不太符合我们的需要。毫无疑问,只要比较方法还没有系统地应用于特定的惯制研究,这样一种大规模的综合则必然是不成熟的。

如果说，有一种惯制比其他事物更适合彼此对照，以了解这两个重要的中世纪文明之间存在的深刻相似性与歧异，那么它肯定就是历史学家称作侍臣制（ministérialité）的惯制了。这个名词在德国学术界已为人所熟知，但是，即使在法国最优秀的著作中，直到最近几年要寻找与这个主题相关的内容，也是颇为徒劳的。今天这种沉默状态已被打破，功劳要归于比利时的历史学家，他们出于研究本国历史的需要，同时也因条件便利，不断地观察法国与神圣罗马帝国。早在1911年，皮雷纳*就要求人们研究是否有"一个侍臣阶层""存在于法国"。① 最近，他的弟子冈绍夫研究了法兰西的一处封土佛兰德尔的侍臣（ministeriales），同时也研究了洛林低地的帝国各公国的侍臣。② 他的书不仅包含大量的信息，搜罗、考辨极为用心，而且还试图解释人们颇感兴趣的这个大问题。③ 我追随他的步伐，并借助他的个人研究，想在这里说明一下这个严

---

* 即亨利·皮雷纳（Henry Pirenne，1862—1935年）：比利时著名历史学家，根特大学中世纪史教授，著有《比利时史》《中世纪的城市》《穆罕默德和查理曼》等。——译者

① *La ministérialité a-t-elle existé en France*? dans *Acad*, *des Inscriptions. Comptes rendus*, 1911. 1915年，D. 泽格林（D. Zeglin）发表了一本论文，题为 *Der Homo Ligius und die französische Ministerialität*（*Leipziger Histor. Abh.*, 39），论文颇有教益，但太过简略，有时颇引争议。Ganzenmüller, *Die Flandrische Ministerialität bis zum ersten Drittel des 12. Jahrhunderts* 今已被冈绍夫的著作所取代。

② *Étude sur les ministeriales en Flandre et en Lotharingie*, Bruxelles, 1926.

③ H. Laurent, *Le Moyen Age*, 1926, p. xm-xv 已经揭列冈绍夫著作所依据的主要材料，其中一些材料甚为有趣，尤其是德马雷（Des Marez）的报告，该报告刊于 *Acad*, *royale de Belgique*, *Bulletin de la classe des Lettres*, 1924（冈绍夫的著作出版前已受到比利时皇家学院的赞扬），后以 *Note sur la ministérialité en Belgique* 为题独立印行；我赞同他的一些观点。洛朗（Laurent）先生列出的书目需要补充尚浦（Champeaux）先生所做的一份非常重要的评论，见 *Revue historique de Droit fr. et étr*., 1927, p. 744-756。

肃的比较史问题所涉及的东西。

我将首先借助于法国的史实,但将根据情况需要,与他国进行比较,以此阐明这些史实。然后再与德国进行有条理的比较。

二

在中世纪盛期,法国卡佩王朝的庄园拥有一班侍臣和仆役(de fonctionnaires et de serviteurs),我将这两个词汇一并使用,是因为不可能选用其一。这个时期的语言并不区分这两个观念;拉丁语中最常见的词汇 ministerialis,法语的 sergent,普罗旺斯语的 sirven,德语的 dienstman,在这两种意义上不加区别地使用,实际上指的是一回事。① 行政官员、司法官员、严格意义上的家内仆从、服侍封主及其家庭的工匠,一股脑儿被置于同一范畴,不仅在民众习惯上如此使用,在法律文件上也如此使用,并且这些人享有同样的权利。大约在 1050 年,普瓦提埃伯爵豁免了服侍圣让·当热利(Saint-Jean-d'Angély)修道院教士的所有人员的军役(只保留了他们参加伯爵本人领导的征伐行动的役务),杂乱无章地数列这些人:"修士们的管家、监工、鞋匠、皮革工、磨坊主、园艺工,以及他们的全部侍臣(sergents),那些因世袭权利或者出于修士们的

---

① 除了 ministerialis 一词,以拉丁语草成的文献使用了大量同义词,一些词学究气地取自古典语言,如 cliens、satelles、famulus 等,另一些只是借用了俗语的转写,尤其是 serviens 一词。在法语中,menestrel 似乎首先用于 sergents-artisans(侍臣—工匠),但在汝拉与萨瓦地区,mistral 指行政官员(p. ex. D. P. Benoit,*Histoire de l'abbaye et de la terre de Saint-Claude*,t. II, p. 65; J.-A. Bonnefoy et A. Perrin, *Le prieuré de Chamonix*, t. II, n°s 84 et 96);普罗旺斯语 mistrau 似乎具有同样的意义。

自愿选择,在修士们手下供职、履行职责(ministeria)、执行任务的人,那些不管在城中属于何种身份、几乎完全依附于他们的人。"①

通常说来,封主会从自己的封臣中招募这些必不可少的帮手。封主招来这些人为己效力,是对他们的礼遇,并不总认为自己必须顾及这些人的爱好。上文所引用的文件似乎承认,圣让·当热利修道院的修士们拥有强征权。1248 年 6 月圣热尔曼-拉瓦尔(Saint-Germain-Laval)修道院的自由契约书规定:庄园主不得以其特许权在其封臣中征召五位以上的侍臣,"且须他们愿意",②这个记载清楚地证明,过去并非总是征得相关人员的同意。特别是农奴,比其他依附者更加附属于主人,似乎对主人全然唯命是从。12 世纪初,沙特尔地方圣佩尔修道院的修士们有分酒给侍臣(sergents)的习惯,不管他们是自由人还是农奴。某一年间,纪尧姆一世(1101—1129 年在任)担任院长时,酒窖告罄。修士们不想从外面买酒,而是以久已遵循的习惯争辩说,在匮乏之时可以停止分酒。侍臣们感到利益受损,对修士们采取诉讼行动;但是法官

---

① G. Musset, *Cartulaire de Saint-Jean-d'Angély*, t. I, n° CCXVI : «Concedimus etiam ut omnes prepositi eorum et vicarii et sutores et pelletani et molendinarii et hortolani et omnes famuli proprii, et qui ballias eorum tenuerint et ministeria eorum habuerint et propria opera eorum agerint; quos vel hereditario jure habuerint, vel ipsi de hominibus burgi, qui omnes fere juris eorum sunt, pro voluntate sua, de quolibet gradu elegerint, quieti ac liberi sint ad servicium eorum, nullusque ex his in expeditionem vel exercitum eat, nisi cornes bellum campestre facere voluerit. » 关于侍臣群体的无差异特征,参见 Ganshof, p. 279 (Hainaut) et n. 2 (Utrecht); p. 298, n. 2 (Saint-Trond), et 237, n. 4。

② La Mure, *Histoire des ducs de Bourbon*, t. III, Pièces *suppl.*, p. 67; «Item homines usagii ultra quinque non debet dominus recipere in servientes et illos volentes» (Saint-Germain-Laval, Loire, arrondissemen. Roanne).

（我们不知道他们出自哪个法庭）判决上诉者败诉，修道院关于此事的文件说："主要原因是，其中的几个侍臣是我们的契约奴，如果情况需要，我们可以要他们在规定的任何条件下完成任务，这是合法的。"①不过，这种强迫性的家内役务制，在德国相当广泛地存在，而在法国似乎从未广泛发展起来。只是由于继承权的存在，庄园上需要的大量人员似乎很早就有了。那里也像其他各地一样，这一时期普遍流行的习惯是，一个职位在一个家族中父子相继；此外，我们马上将看到，授予佃领地换取役务、以这些役务为条件授予佃领地的习惯，以及迫使其继承者如果不希望失去土地，则按规定承担死者所承担的一系列役务。另外，庄园的封主似乎普遍地很容易找到所需要的劳力，不需要诉诸强制行动。事实上，这样的役务可以收获可观的报酬。而且，不管自愿与否，他们都需要给仆役们一份生活费。仆役们以何种形式获得这份劳动报酬呢？

首先，采取的形式是免除某些捐税，特别是减免人头税，几乎到处都是采取这种形式。这是一种特权，后来它转移到王室官员身上，应用于王室税收，成为王室提供给仆役的最珍贵的优待，不止一种政府制度就这样根植于庄园的惯制之中。但是这些被动的优待还不够。在好长时间中，提供货币工资是与这个时代的总体经济状况不相容的。除非是雇佣某些临时工来干一个短期的零

---

① Guérard, *Cartulaire de Saint-Père de Chartres*, t. II, p. 371, n° CXLIX: «presertim cum plures eorum nobis essent famuli servitutis vinculo obnoxii, quos, si nécessitas urgeret, licebat quolibet modo in nostris usibus insumere».

活,如大农忙季节的农活,几乎不使用货币工资。① 对于比较稳定的用工,可以使用两种办法。一种方式是庄园主豢养劳工,供给食物(præbenda)。布卢瓦的厄德(Eude de Blois)法庭的一个判决判定,图尔的圣马丁修道院的仆役,不管他们是自由人还是获释奴,也不管他们是在修道院内还是在院外面履行职责,不接受路政官的司法管辖,不承担对他的金钱义务,因为这些仆役是由修士们"予其食物,供其衣装,照顾管理"。② 另一种方式是,封主给他们一块土地,由他们自己靠土地养活自己,或者将土地上的一份收入给予他们。在后一种情况下,土地或土地上的收入(中世纪法律对两者并不加以区分,但把土地收入与土地本身一并置于不动产范畴),像非自由佃领地一样,不可用来支付某些时期与劳役相关的

---

① 在加罗林时代已出现的情况,特别参见 *Statuts d'Adalard* (éd. L. Levillain, *Le Moyen Age*, 1900), II, 1, p. 361; 864 年 6 月 25 日的 édit de Pitres, *Cap.*, t. II, n° 273, c. 31。关于 12 世纪的情况,参见 Guimann, *Cartulaire de l'abbaye de Saint-Vaast d'Arras*, éd. Van Drival, p. 299 (Dainville); Lépinois et Merlet, *Cartulaire de Notre-Dame de Chartres*, t. I, n° LI(1139, 14 janv.)。

② 参见 L. Lex, *Eudes comte de Blois*, p. justif., n° XIII (1015-1023):«De familia autem Sancti Martini, si quis aliquid neglexerit, quocumque ministerio utatur, tam ingenuus quam colibertus, sive hii qui in ministerialibus servitiis seu forinsecus occupati sunt, quoscumque monachi alunt, vestiunt, nutriuntque nullam vicariam solvant, sed totum quidquid neglexerint ubi et ubi totum in potestate sit abbatis et monachorum ejus perpetualiter.» 我们将看到 ministerialibus servitiis 用于限定(且非常罕见)的意义:家内役务。参见加朗德的安索(Anseau de Garlande)授予图尔南隐修院修士的特许契约,图尔南隐修院依附于圣莫尔·德福塞(Saint-Maur-des-Fossés)修道院。关于埃萨尔的土地(1202, sept. Arch. Nat., L 460, n°^{s} 11^A et 11^B),参见 «Famuli eorum qui major appellatur et omnes eorum famuli *qui de pane ipsorum vivunt* ab omni pedagio, theloneo et qualibet alia consuetudine immunes existunt in tota Turnomii potestate, nisi mercatores fuerint»。

杂税,它在本质上是用来换取一种固定役务;以流行的习惯它被称作"封土"。① 在中世纪盛期,拉丁语作家在同样意义上使用 beneficium(恩地)一词,通过限定它的初始语义,同时并不排除其他意义,逐渐赋予拉丁俗语已经使用的这个古词以一种特定的意义,用来表示对任何形式的劳役的报酬。② 因为 beneficium 一词属于古典拉丁语词汇,作家与法学家想保持词语的精确性,很长时间内仍愿意用它,而不用"封土"的拉丁语转写。封土制度与主人家中豢养制度(provende)的对立古已有之。《庄园敕令》*已经对王室的马夫做出了区别,这些马夫中有些从其国王封主那里接受豢养,有些从国王手中接受恩地。③ 无须说,这两种制度是可以合

---

① 我已经解释过封土的概念,对这个概念的简述见于第五次国际历史学大会(1923 年)的一个发言,参见 *Compte rendu*, p. 102 以下。这里,为便于理解侍臣(ministérialité),我只是扼要概述一下其重要特点。我特意完全保留其一个方面:(1)古代使用封土一词,意指动产,(卡佩王朝以前)确切含义大概是食粮(provende)。(2)在有些发生畸变的地区(如图卢兹、盎格鲁—撒克逊法辖制的地区),封土的最终意涵是指任何一种佃领地;我仍然认为,这是第二阶段发展出来的,在起点上这些地区如其他地区一样是相同的(封土＝佃领地＋役务);(3)教会语言中到处都富有意义地使用封土一词;(4)在很晚阶段上经常混有封土与继承权两种意涵;这种变化的出现是非常缓慢的。譬如,1142—1143 年阿奎布耶(Acquebouille)新城建立时,奥尔良的圣阿维修道院院长与长老宣布,管家职位不能世袭,管家享有一份封土(feodum),包括一块半开垦地与各种罚金的五分之一,见 G. Vignat, *Cartulaire du chapitre de Saint-Avit d'Orléans*, n° 40。

② 这个意义特别清楚地见于 *Lex Visigothorum (Antiqua)*, XI, 1, 5, 7 以及 3, 4 中;参见 E. Mayer, *Italienische Verfassungsgeschichte*, t. I, p. 436。

* 《庄园敕令》(*capitulaire de villis*),又称《查理大帝庄园敕令》,是法兰克王国查理大帝公元 800 年前后颁布的整顿王室领地经济的诏令。敕令原文为拉丁文,内容共 70 条,规定庄园有效管理的措施及各级管理人员的应尽职责。——译者

③ *Cap.* I, n° 32, c. 50. 人们将注意到,所有这些自由的马夫都有恩地;非自由的马夫(fiscalins)分为两种管理方法。Praebendarii、provendarii 经常见于法兰克时代关于大地产管理的材料中,尤其是在 Adalard, *Statuts* 中;Lesne, *Mélanges d'histoire du Moyen Age offerts à M. Ferdinand Lot*, p. 389 以下译为 pourvoyeurs(供应者),我以为这个译法并非确切含义;流行于中世纪的 provendier(食粮提供者)是更好的译法。封土与豢养两种方法共存是许多文明的共同特点,参见 Fossey, *Rev. critique*, 1er sept. 1927, p. 321 对 Assyria(亚述)的论述。

并起来的。各个时代都可以看到，获授封土的封臣手下的仆役定期或不定期地分享分发的食物与衣服；这样的事情很常见，无须举例说明。① 这种双重性安置非常简单也非常合乎逻辑。

然而，"封土"这个词却是历史文献中众多模糊点的源头。从一开始人们就认为，它并非指每一块负载役务的佃领地，而是仅指那些——按照盛行于中世纪末期封建世界广大地区的习惯——负载特别的义务即骑士役务的佃领地。这种"封土"就这样变成了具有骑士特性的东西，被视为唯独贵族阶级享有的一种不动产。于是，就产生了关于侍臣持有封土的权利的一系列麻烦问题，更糟的是出现了一种观念：侍臣占有封土表示他已经晋身于更高的社会等级。冈绍夫概述的"经典的"日耳曼理论——似乎——使之变成了他个人的理论，②他写道（其前引书第43—44页）："较低级的仆役……洗衣工、厨师、信使、园艺工、木工等，不接受封土。"但是，浏览一下古抄本文件，就足以发现，那些无疑存在的占据行政职位的人——代理人、监工、管家、长老——领有封土，木工③与厨师（我

---

① 参见 P. Vinogradoff, *English Society in the Eleventh Century*, p. 76 及以下关于英格兰的有趣评论。

② 他确实说(*op. cit.*, p. 31)："在这个时期（12世纪初）封土是仅属于骑士的佃领地。"

③ B. de Broussillon, *Cartulaire de l'abbaye de Saint-Aubin d'Angers*, t. I, n° XLIX：1082-1106. De Lépinois et Merlet, *Cartul. de Notre-Dame de Chartres*, t. II, n° CGXXII (也见 Guérard, *Cartul. de Saint-Père de Chartres*, t. I, p. lviii, 及 Fagniez, *Documents relatifs à l'histoire de l'industrie et du commerce en France*, t. I, n° 280)：无日期，编辑者认为书成于1215年前后（现第53页注①）。在本书的参考书目中，我不想使之过于冗长，留待他处详细讨论，故这里仅限于最古旧而无争议的文献；为了更为简洁，我摒除了被称作恩地的附有役务的佃领地，尽管在文契语言中这个词无疑与封土是同义词。

指的是掌勺烹饪之人,而不是监理餐饮事务的高级官员)领有相当数量的封土。① 除了这些人的封土,还可毫不费力地补充其他人的封土,如盖房的瓦工②、画师③、金银匠④、铁匠⑤、渔夫⑥,乃至专门负责为主人放血的外科医生的封土。⑦ 所有这些史实都取自法国或莱茵兰文献,大多数为 11 世纪乃至 12 世纪。在另一处(前引

---

① 文献特别多,尤其是 Lacurie, *Histoire de l'abbaye de Maillezais*, p. justif. n° LIII (1181 年,但依靠更古老的事实)。Guérard, *Cartul. de Saint Père de Chartres*, t. II, p. 277, n° XIX (1127 年)。Deloche, *Cartul. de Beaulieu*, n° CI, p. 154 (12 世纪)。E. Laurière, *Texte des coutumes de la prévôté et vicomté de Paris*, t. III, p. 260;英国王子、普瓦图伯爵狮心理查的契约;Périgueux, *Cartul. du chapitre de Notre-Dame de Lausanne* (*Mém. et doc. publiés par la Soc. d'hist. de la Suisse romande*, t. VI), p. 546-547 (1227, a. st., 2 févr.)。意大利有特别清晰的文献参考: *Codice diplomatico padovano*, t. II, n° 946 (1169, 3 janv.)。

② (1200 年前后)特莱维(Trêves)的圣马克西敏修道院的封土清单,见 Beyer, *Urkendenbuch der Mittelrheinischen Territorien*, t. II, p. 470。

③ B. de Broussillon, *Cartulaire de l'abbaye de Saint-Aubin d'Angers*, t. II, n° CCCVIII (1082-1106). Einhard, *Ep. karolini aevi*, t. III, p. 119, n° 18 的一封信中提到,已有属于画家的"恩地"。

④ L. Delisle, *Instructions adressées par le Comité des Travaux historiques... Littérature latine...*, p. 61, n° 27 (1228, nov., Beauvais)。

⑤ 特莱维大主教梅金戈(1008—1016 年在任)的契约,见 Beyer, *Urkendenbuch*, t. I, n° 287(最古老的日耳曼文献,其中出现了封土一词)。J. de Font-Réaulx, *Sancti Stephani Lemovicensis Chartularium* (*Bull. Soc. histor. du Limousin*, t. LXIX), n° CXXIX (12 世纪)。

⑥ Deloche, *Cartul. de Beaulieu*, n° CI, p. 154; Polypt. de Prüm (addition du moine Césaire, en 1222),见 Beyer, *Urkendenbuch*, t. I, p. 161, n. 4; H. Bastgen, *Die Geschichte des Trierer Domkapitels im Mittelalter*, p. 298(13 世纪,1259 年以后); H. Pirenne, *Le livre de l'abbé Guillaume de Ryckel*, p. 62 (1261)。

⑦ Beyer, *Urkendenbuch*, t. III, n° 289 (1226, 9 sept.)。参见 *Gesta abbatum Trudonensium*, IX, 12 (éd. C. de Borman, p. 152, 1136);那里封主同时也是一个锁匠、一个玻璃安装工;他的佃领地并没有明确地称作封土。只是简单地说他想把它(大概从庄园封土)变成"自由的军事封土"。见下文。

书第342页),冈绍夫说:"贵族封臣接受豢养,这不是习惯。"这样说意味着忘记了初期为数众多的未获授封土的封臣群体。譬如,看一下诺曼征服下的英格兰吧。总佃主们(tenants en chef)需要把固定数量的骑士交到王室军队里。但这并不迫使总佃主们给这些人建立封土;如果他们愿意,可以为这些骑士提供庇护,供给食宿;许多人愿意以这种方法解决问题,尤其在早期阶段就更是如此。① 封臣们即使获授封土,有时也往往为自己或家中幼子恳求或要求封主府邸的膳宿和保护。圣阿纳托利的庄园主从图卢兹的圣塞尔南修道院持有封土,迟至1139年,圣塞尔南修道院仍承认,一些特惠权益属于圣阿纳托利的庄园主;在这些特惠权益中,其中之一是可以有一位庄园主族裔的人做教士,或(也出自其族裔的)一位骑士"与修道院院长生活在一起"②。豢养与封土不过是役务报酬的两种不同方法,并非高低有别的两个社会等级的显著标志。在11世纪乃至12世纪,既然不存在严格意义上的贵族团体,即被赋予严格法律特权的世袭等级,如何能想象存在一种贵族特有的佃领地呢?

一些德国史学家承认侍臣封土的存在,但不认为它们是"纯正

---

① 见J. H. Round, *The Introduction of Knight Service*, dans le volume de eet nuteur irtitulé *Feudal England*。

② C. Douais, *Cartulaire de l'abbaye de Saint-Sernin de Toulouse*, n° 155 (1139,29 juin):有一条契约,根据这条契约,(维勒弗朗什·德·洛拉盖区,上加龙省,兰塔镇)圣阿纳托利的皮埃尔·阿尔诺的四个儿子放弃了各种约定,尤其是此约定: «vel de canonico generis eorum recolligendo, vel de milite generis eorum cum abbate manendo»。参见下文 p.517,n.1(现第66页注①)

地道的"(echte)封土：他们说，可以列出很多封土，它们的存在有无可辩驳的文献证据，但它们属于低等级的一类，其低下的地位由一个事实表现出来：其持有者不需要行臣服礼。按照13世纪上半叶的一些法学家的说法，即使就德意志而言，这一特色似乎在11世纪与12世纪的文献中也几乎没有获得众多证据。① 在法兰西，任何时期的事实都与此特色截然相悖。时代错乱是个麻烦。由于无视年代顺序，人们总是把极为缓慢出现的关于阶级的观念推及遥远的过去。在相当长的时期内，臣服礼这个词本身保持着极为普遍的意义。它被用于任何一种依附关系。因为依附于某个势力强过自己的人，除了自称"他的人"之外，中世纪话语中还能是什么说法呢？所以，表现这种依附关系的任何象征性形式，如结绳仪式（rites de la corde）或给一点钱，农奴的地位就得到确认。② 但是学者们否认侍臣应有臣服礼时，想到的显然是这个名称所具有的更

---

① 参见 G. Seeliger, *Die Soziale und Politische Bedeutung der Grundherrschaft*, p. 46：«Die Gegenüberstellung der ministerialischen und der freien vasalitischen Lehen als zweier Gruppen militärischer Lehen ist erst das Ergebnis der Entwickelung des 12. und 13. Jahrhunderts»。

② Pierre Petot, *L'hommage servile*, *Revue historique du droit*, 1927 完美地说明了这一点。除了他引述的文献，还参见 G. Robert, *Les serfs de Saint-Remi de Reims* (*Travaux de l'Académie de Reims*, t. CXL), n° XXXI (26 janv. 1262)；这位封主的三位封臣交给圣雷米修道院，向院长与女修会委托的一位修士举行过臣服礼（hommagium fecerunt），没有提及仪式。同样，在意大利，臣服一词除了表示封臣制关系，还表示位卑者与位尊者的纽带。见 Santini, *Condizione personali degli abitanti del contado di Firenze nel sec. XIII*, dans Archivio storico ital., 4e s., t. XVII, 1866, p. 182 (1225) 所引内容；P. Vaccari, *L'affrancazione dei servi délla gleba nell'Emilia e nella Toscana*, p. 61, 124。

为具体而精确的意义,即封臣"以接吻与握手"(de bouche et de mains)表达的臣服礼。即使在这种意义上,臣服礼与封土在很长时期内并不一定联系在一起,它与封土一样在源头上不是贵族特有的东西。在封臣制的早期阶段,许多贫民接受过委身。12世纪时,由于人们认为古已有之的一种习惯,佛兰德尔公爵曾接受过他的封土上的人的臣服礼,同时接受了他治下各城镇的居民的臣服礼。① 直到中世纪晚期,他治下的城镇市民与佃领人仍按传统方式逐一对新封主履行臣服礼,在法国南方尤其如此。② 13世纪初,土地的再次出佃权的界限仍不太明晰,农夫或佃领人举行臣服礼的情况时有发生。③ 此外,在一些地方,确认卑下地位的普通仪式被取而代之,换成了握手与接吻——这些仪式在其他地方专用于

---

① Galbert de Rruges,*Histoire du meurtre de Charles le Bon*,éd. Pirenne,c. 54,p. 85 («secundum morem predecessorum suorum comitum»);c. 55,p. 87(类似的程式);c. 66,p. 107;c. 94,p. 138;c. 102,p. 147;c. 103,p. 149。关于罗马,参见阿纳克莱托的一份诏书,J. -W. 8390(Migne,*P. L.*,t. 179,col. 709,XIX *bis*);关于伦敦,参见 Petit-Dutaillis,dans Stubbs,*Histoire constitutionnelle*,t. I,p. 859,n. 1。

② 譬如,de Ribbe, *La société provençale*,p. 487 及以下(文献特别清晰);E. -G. Alart,*Privilèges et titres...du Roussillon*,p. 141 et 327;R. Brun,*La ville de Salon au Moyen Age*,p. 204,c. 4;295,c. 1;369,c. 12。参见 Aug. Dumas,*Encore la question «Fidèles ou vassaux»*,dans Rev. hist. du droit,1920,p. 218,n. 1(但 p. 227-228 对平民臣服式[l'hommage des roturiers]消失原因的解释却需要再做检讨)。平民臣服式在诺曼法中经历了特别的扩展,这种扩展在许多方面脱离正常轨道。

③ J. -B. Champeval,*Cartulaire des abbayes de Tulle*,n° 176(juillet 1216);Ch. Métais,*Cartulaire de Notre-Dame de Josaphat*,t. II,n° CCCIV(novembre 1224)。意大利似乎也有类似的例子(顺便提及一下,那里真正的封臣臣服礼似乎比吉耶尔莫兹[Guilhiermoz]所想的广泛得多);C. F. v. Rumohr,*Ursprung der Besitzlosigkeit der Colonen im neueren Toskana*,p. 40,n° 4(1213,8 mai;mais ind. 2 ?);P. Vaccari,*L'affrancazione dei servi délia gleba*,p. 40,n. 1。

表达封臣的臣服。① 同时,也有相反的情况,封臣的臣服有时采取农奴臣服礼,在封主代表教会或是一位圣徒——对他表达谦卑是值得嘉许的——时,尤其如此。如法兰西诸王向圣徒德尼支付人头税,英格兰诸王向圣徒托马斯支付人头税,②德意志的康拉德一世向圣徒高尔奉献人头税;③图卢兹公爵身负锁链向圣徒文森·德维维耶(Vincent de Viviers)行臣服礼。④吉耶尔莫兹(Guilhiermoz)认为奴役义务与封臣制在早期是混杂的,这个见解是完全正确的,这种混杂长期滞留在人们的记忆中。既然如此,那么某些封主的仆役被置于严格意义上的臣服制之下,或者在他们是农奴之时不得不屈从于臣服制,又有何奇怪呢?奥尔良教士会的管家曾在1176年向他们表达绝对臣服,他的位置就是如此。⑤但并非所有人都不需要臣服式。在人数众多的情况下,一个简单的

---

① Lambert d'Ardres, *Historia comitum Ghinnesium*, c. 129; E.-G. Alart, *Privilèges et titres... du Roussillon*, p. 126 et 128; Lodge, *The estates of the archbishop... of Bordeaux* (*Oxford Studies in Social and Legal History*, III, p. 25, n° 3); *Arch. hist. de la Gironde* t. I, n°s XXXIII et XXXIV; J.-A. Bonnefoy et A. Perrin, *Le prieuré de Chamonix*, t. II, n° 75, n° 85 (参见 n° 80), n° 90(这些文件中的"绝对臣服之人"无疑是农奴); Hinojosa, *El regimen señorial en Cataluña* y, p. 224。除了第一件(12世纪),第二、第三,大概还有第四件(13世纪),这些文献显然全部属于中世纪的最后两个世纪,但是我们对于中世纪诸社会发展情况的全部知识,都说明是残存而非改进。除了第一件,这些证据似乎都没有被珀托(Petot)先生注意到。参见 Pierre Raimon de Toulouse dans Mahn, *Werke der Troubadours*, t. I, p. 134, I, str. 3; J. Anglade, *Poésies de Pierre Raimon de Toulouse*, Chanson II, str. 3, dans *Annales du Midi*, 1919-1920。

② Marc Bloch, *Les rois thaumaturges*, p. 240, n. 2。

③ Ekkehard, *Casus sancti Galli*, c. 21 以蜂蜡缴纳人头税。在这里,税金可能具有赎罪金性质;除了 Petot, *loc. cit.* p. 82 以下,还有 R. His, *Todtschlagsühne und Mannschaft*, dans *Festgabe für K. Güterbock*, Berlin, 1910。

④ *Hist. du Languedoc*, t. VIII, col. 597(13 août 1210)。

⑤ Thillier et Jarry, *Cartulaire de... Sainte-Croix d'Orléans*, n° CCCLXXX.

效忠誓言就被认为足够了。对于这种差异形成的原因,我们将永远不得其详。我们最多能做到的猜测是,有些人占据最重要位置,他们的臣服礼是特别需要的;至于一些无足轻重的位置,其持有者的忠诚在很大程度上可由他们的卑微身份加以保证。虽然有某些例外情况,但出身自由的管家——由极强大的纽带与庄园主联系起来的侍臣——的臣服礼是优先需要的,这一点我已经提及。当然,在中世纪,任何先例都倾向于创造一种权利,习惯则逐渐将臣服义务固定于某些职位。大约在1200年的科尔比,大多数管家、一位护林员与两位铸币员,被迫举行臣服礼,有时是以绝对臣服的形式,有时则无此种强求;其他人则无此类义务。稍后一些时候我们看到,在贡比涅的圣克诺尔以及沙特尔主教的土地上,也存在同样斑驳的习俗,1280年,那里的守门员、园艺工与粗木工,就像一些伯爵、主教代理官以及某些管家和代理人一样,举行了绝对臣服礼。①

我需要用较大篇幅处理一下侍臣(sergenterie)封土这个棘手的问题。另一方面,我可以对侍臣(ministériales)持有的自主地(allods)相关的类似问题置之不理,我不知道在法国是否存在此类事实,也许只是因为我没有注意到。然而,洛塔林吉亚的文献让冈绍夫多次讨论这个问题,也许我可以置喙。在我看来,唯一真正的难题在于术语名词。在中世纪法律文献中,语言的精确性是公证

---

① A. Bouthors, *Coutumes locales du bailliage d'Amiens*, t. I, p. 317 以下,尤其是§§33 及 124-129(其中一位铸币人同时也据有两个管家职位);这个文献需要再加仔细斟酌。参见 Massiet du Biest, *Revue du Nord*, 1923, p. 41; E. Morel, *Cartulaire de l'abbaye de Saint-Corneille de Compiègne*, t. II, n° DLXXXVI; 关于沙特尔,见 Bibl. Nat., lat. 10096, fol. 75; 参见 Lepinois et Merlet, *Cartulaire de Notre-Dame de Chartres*, t. II, n° CCCLXXXVI 以及 Bibl. de la ville de Chartres, ms. 1137, fol. 109 中的侍臣名单;主教手下获授封土的守门员与粗木工是由相当晚的文献记载的,见 *Cartulaire*, t. II, n° CCI et CCXXII。

人中学术法律通俗化的结果。也就是说,13世纪以前人们并不注意准确性。此前他们往往随心所欲,在同样的意义上此处用一词,彼处用一词。但是,并非所有的词都同样意涵幽晦不明;那些在民众用语中活力强大的词语(如封土)多少是确定不变的;但表示稀见制度的词语,疏离于普遍的习惯精神,带有形形色色的可能的含义。"自主地"(alleu)这个词的情况就是如此。它具体而精确的意涵在当时的文献中时常得到表述,最终唯一胜出的含义广为人知,此即免除所有赋税或庄园役务的土地。但是,与这个意义并行的是,更古老的"世袭持有地"的意义似乎也流传了下来;尤其是,正如冈绍夫极为聪敏地指出的,从自主地庄园(seigneurie allodiale)分割出来的任何持有地,人们都愿意把它视为自主地,分割出来的这块地确实是封主的自主地,但就耕种者而言,却负有赋税与役务,是一块封地。①

---

① 此处一个例证乃取自远离低地国家的一个地区:蒙图瓦尔的马修与德勒,为了亡兄于格·勒布吉农的灵魂安息,向马尔穆捷奉献了"沙桑尼亚(Charsannia)的自主地,这块自主地是他们的亡兄于格,热内腾西的城堡主,作为封地持有的"(alodum de Charsannia, quod isdem eorum defunctus frater de Hugone, Genetensis castri domino, in foevum tenuerat);然后是于格对礼物的确认,这位于格(热内腾西城堡主)显然是一位自主地持有者(Ch. Métais, *Chartes vendômoises*, n° XLVI——1064年以前)。在鲁埃格,这位主教本人就是自主地持有者,他在很大程度上把自主地变成了封土。在其他地方,由于很容易理解的意义上的变迁,这个词的最终的意思是一种封主所有权;人们说,在某某封土中主教拥有"自主地与封主权"(l'alo...e la senhoria)(Lempereur, *Les droits seigneuriaux dans les terres de l'ancien évêché de Rodez*, Bullet. histor. et philolog, 1894)。最后,还要考虑一种情况,即"自主地"(Alleu)、"诸自主地"(les Alleux)作为专用名称已经固定于一片土地——不管其当时法律地位如何。参见圣塞尔日昂热修道院契约,马什盖(Marchegay)所作复原的契约集, Arch. de Maine-et-Loire, H. non coté, fol. 293 (1111) 以及 M. Olivier-Martin, *Histoire de la coutume de la prévôté et vicomté de Paris*, t. I, p. 219, n. 2(关于阿勒勒鲁瓦村庄)。

我们从文献中读到这个词语时,通常难得其解。严格意义上货真价实的自主地是这样的土地:在普遍杂乱的封主权利之中,它所处的位置却是出奇的简单且孤立;这种土地是应由侍臣持有的。这个事实在德国被广泛证明,不必吃惊。即使这些侍臣是农奴,也不必吃惊,因为自主地掌握在这些卑微者之手,特别是掌握在农奴之手,是可以肯定的。① 不管庄园制度具有何种渗透力,各个地方还是有一些孤岛全然避开了它的影响,正如当今的资本主义经济制度,即使在它已经最彻底地侵入产业的地方,也仍然没有完全扼杀小手工业。只有当它碰巧归于一个农奴之手时,才会由于这个情况必然失去一些严格的自主性;因为支配"其人身"的封主在某些情况下继承了他的全部物产,至少可以对其全部物产征收捐税,所以农奴不能处理其财产——即使对各方(他们按照财产法依附于另外的封主,或不依附于任何人)有利也不行——这种不同意最终产生出一种权利。② 在埃诺,还有相当多的自主地,1200年鲍德温六世伯爵制定的封土习惯法,立下十分清楚的规矩:"未经封主同意,农奴绝对不能转让其自主地,或将其转变为封土。"③ 同样的

---

① 关于农奴,见 *Rec. des Chartes de Cluny*, t. IV, n° 3649; Verriest, *Le servage dans le comté de Hainaut* (Acad. royale de Belgique, Cl. des Lettres, Mém., 2ᵉ série, t. VI), p. 106, n° 2; E. Lodge, *The estates of the archbishop...of Bordeaux*, p. 56, n. 1。

② 参见 Marc Bloch, *Les transformations du servage*, dans *Mélange...F. Lot*, p. 66 n. 1 et *supra*, p. 497, n. 1。罗马殖民者中已有这种情况,见 *C. Th.*, V, 19, 1。

③ SS., t. XXI, p. 622: «Servus aliquis alodium suum a manu sua nullatenus potest eicere vel feodum facere, nisi assensu domini sui» (28 juill. 1200)。

原则也适于德国。① 所以，自主地不是一种佃领地：这不是因为土地所有者，也不是因为土地，而是因为它不具有的资格。

在侍臣群体中，最初必定是没有区别的，但差异很快就显现出来了。他们经由相同的纽带依附于封主，但在生活方式、财富与权力上并不相同。不久以后公共舆论就在他们之间划分出了某些级别：在沙特尔地方的圣佩尔修道院，服侍修士的一位皮革工，经过努力成为了一名酒窖管家，12 世纪初的一份告示说这位皮革工"高升了"(ad majora conscendere)。② 在从事行政与法律的辅助性事务的工匠、仆役与雇员之上，开始出现一个阶级，他们的职务给他们带来一笔可观的收入、某个重要的位子以及——我认为至关重要的——管理他人的权力：一方面，有一些庄园法庭的侍臣，尽管最初他们承担一些很低级的家内任务，通常是餐桌旁的事情，但很快就不再事必躬亲了，除非在一些盛大宴会上——他们成了

---

① J. Ahrens, *Die Ministerialität in Köln*, p. 60 et suiv; Emil Müller, *Die Ministerialität im Stift St. Gallen*, p. 41; G. Winter, *Die Ministerialität in Brandenburg*, p. 89. 特别意味深长的是 Inwärts-Eigen 制度，Inwärts-Eigen 是一种自主地，侍臣(Dientsman)可以把它自由处理给封主的其他侍臣，但不经封主同意，不能处理给其他人。参见 Puntschart, dans la *Zeitschr. der Sav. Stiftung*, G. A., t. 43 (1922)。

② Guérard, *Cartul. de Saint-Père de Chartres*, t. II, p. 301, n° XLVIII. 对于低级侍臣向高级侍臣职位的升迁，需要进一步的研究。我注意到，在巴黎教士会所辖的土地上，两位长老或长老之子（长老是管家之下的乡村官员）在 1251 年 2 月于莱伊 (L'Hay)获得了管家职位，在 1267 年 6 月 16 日在叙西（Sucy）获得新称号，见 A ch. Nat., S 315 et 396^B。

工头,成了主人的顾问,常常出席法庭担任法官;①另一方面,一些官员受命管理各种土地,以法国最流行的词语说,成了"大管家"(maires)。大致说来,习俗看重前一群人。毫无疑问,在大庄园中,较之其他职业的同僚,法庭职位的控制者更迅捷更完全地上升到封建世界最受人羡慕的等级。但这种情况只限于大庄园,核心人员群体实际上也不大。而"大管家"却是数量极多。我倾向于认为,他们所发挥的重要作用,是形成了一个出自侍臣等级的贵族阶级。在我看来,在法国的大部分地区,情况就是如此;但正如冈绍夫所证实,佛兰德尔是有趣的例外。

乡村里的管家是其小圈子中的强势人物。他们指导土地耕作,征收捐税,主持划定边界与封地仪式,并且经常主持公道。旧文献上写满他们的名字,也写满他们与封主的纠纷,以及谋取独立的企图。查理曼曾表达对他们的不信任,建议永远不要在王室庄园里任用他们做主事者(potentiores)。② 12世纪初,弗勒里地方的圣-本笃会修士们的管家得到国王的承认,成了国王的人(大概

---

① 参见 Guimann, *Cartul. de Saint-Vaast d'Arras*, p. 346-347,有一份文件似未被冈绍夫先生注意到,它涉及一位从事世袭役务的厨师(servientibus hereditariis coquine)所担当的法律角色;关于获授封土的侍臣在庄园法庭的地位,见 *Ét. de saint Louis*, II, 4 (ed. Viollet, II, p. 338);也参见 *Cart. de Touraine-Anjou*, c. LXI, *ibid.*, t. III, p. 39),—*at the bailiff's court Cont. Touraine-Anjou*, c. cxxn p. 47。那里有一段与王室法庭的清晰比较。

② *Cap. de villis*, c. 60. 正如 M. Dopsch, *Wirtschaftsentwicklung der Karolingerzeit*, t. I^2, p. 160 所指出,查理曼时代王室管家所享有的高位,是源于他们中有二人与宫廷市场的征税吏(telonearius)一起出席法庭——这个法庭于870年为审判拉昂主教欣克马尔而成立,显然是特别事件,见 *Hincmari Opéra*, ed. Sirmond, t. II, p. 606。

是农奴),同时说服了修道院的其他侍臣以及其他庄园的管家,一并向他效忠与臣服,这样他脱掉了庄园的枷锁;此外他将个人权威凌驾于其同僚之上,取代了共同的封主的权威。国王不得不亲自干预,使事情妥当解决。① 大约同时,在拉波默赖埃(La Pommeraye),沙特尔的圣佩尔修道院的管家与村庄依附的教士官员(chèvecier)发生争执,纵火焚烧修士们居住的房屋,抢劫他们的马厩。② 修道院作家们不断抱怨这些邪恶仆役的"贪暴"与"背信弃义"。③ 相反,诗人们却兴奋地刻画忠诚的管家的形象,如引导珀西瓦尔*的母亲进入沙漠的那位管家,或那位驰援加林(Garin)的"善良管家"——当时加林身受致命重伤,管家做出了早熟的崇拜姿态,砍下了主子的胳膊作为圣骨保存,因为这位勇武的

---

① Prou et Vidier,*Recueil des chartes de Saint-Benoît-sur-Loire*,t.I,n° CVI,et Luchaire,*Louis VI,choix de textes inédits*,n° 80;1109 年 8 月 3 日之前。这份文献极为有趣,但我不能详加分析。在圣本笃修道院的领地上,大约为封臣性质的一个管家从属另一个管家的实例,至少还有另外一例;1254 年 1 月 8 日,位列骑士侍从的蒂日的管家,放弃了赎买维埃纳·昂瓦勒及特兰西亚库姆(Tranciacum)的管家职位的权利,而交给了修道院。参见 Arch. du Loiret,H 46。同样,13 世纪末,在沙特尔主教的辖地上,桑特伊地方的一位授封地的代理人拿到了蒙泰韦尔及蒙戈韦尔管家职位的赎买权(de Lépinois et Merlet,*Cartul. de Notre-Dame de Chartres*,t. II,n° CCCLXXXVI)。下文将看到,昂热的圣奥班修道院院长是另一位侍臣所持土的封主。

② Guérard,*Cartul. de Saint-Père*,t. II,p. 500,n° XLIV. 沙特尔地区庄园主的官员们所犯下的劣行,在一份誓言中令人信服地暴露出来,这份誓言是从若弗鲁瓦·德勒韦(1116 年 1 月 24 日至 1149 年)担任主教以后,沙特尔修士们要求管家们所作的。见 de Lépinois et Merlet,*Cartulaire de Notre-Dame de Chartres*,t. I,n° LVIII。

③ 参见 Suger,*De rebus in administratione sua gestis*,éd. Lecoy de la Marche,p. 162;Guimann,dans le *Cartulaire de Saint-Vaast d'Arras*,p. 7。

* 珀西瓦尔(Perceval):亚瑟王传奇中圆桌骑士之一。——译者

老兵还没有放弃其灵魂。① 在13世纪,一些管家持有标志着高级身份的特有的印玺,一些人则持有一座设防的宅院。② 各管家家族的成员掌握财富,盯住更高的目标,如阿洛姆,他是梅森塞勒斯地方圣德尼修道院的院长与管家,虽身为农奴,却在1230年赢得了阿格尼小姐——骑士艾田·儒温的女儿——的婚姻,除此之外,便是他们之间互相通婚。③ 阿洛姆的这种庄园外部婚姻是受到禁止的,教士们为此向他征罚普罗万地方的500里弗尔币,这笔巨额罚款可以让我们了解他的富裕程度。④

13世纪末,法国的庄园主与他们的主要侍臣、管家或法庭官员各自的情况如何呢?

各地的侍臣差不多都成功地将自己的工作变成了世袭性的职位,通常在法律上是如此,在实践中则几乎总是如此。时有发生的情况是,当一个庄园主将管家职位授予一位新的人选时,他要在书

---

① *Perceval*, éd. Potvin, v. 970以下;正如下文将看到,注意到这一点很重要:这位王室管家由其封主装备成一位骑士(v. 1010)。K. Bartsch, *Chrestomathie de l'ancien français*, 10 éd., n° 17, v. 204以下。

② 索·德·德勒,科尔梅耶-昂-帕里西圣德尼修道院的管家:Arch. Nat., S 2336, n° 6(1229年6月)。一座壕沟环绕的宅院,属于格兰特-普伊特的管家;他卖掉了管家职位以后,以臣服为条件从其封主(圣德尼修道院)得到它,拥有之:Arch. Nat., LL 1158, p. 333(1225年5月)。

③ 正如巴黎地区交换农奴的契约所证明,大量契约涉及这类家族的成员,他们被庄园内婚姻(formariage)义务限定在狭窄圈子里,但迫于社会地位不得不在狭窄圈子之外寻求配偶。

④ Arch. Nat., L 848, n° 32(1234年4月24—30日或1235年4月1—8日)。参见 Cartul. blanc, LL 1157, p. 847(1230年6月的两份契约)。由于不能完全卸掉金钱义务,阿洛姆向修士们让出领头管家职位与一些土地,这些土地总价值达300里弗尔。关于管家与骑士家族联姻的其他例证,见下文。

面契约里说明,这个职务不可以转让,永远不能继承;但仔细审视之,我们通常可以发现,这种让步的受益人——按照自愿原则——并非他人,而是原管家的儿子即继承人。这样的实例众多,仅举一例。1225年,刚故去的舒瓦西管家之子科林,向巴黎的圣热纳维耶芙修道院的院长要求以继承权拥有管家职位,但没有得到。他想到了一个妙计,于是向修道院院长请求"怜悯",修道院院长对这种"谦卑"的表现感到满意,授给了这位请求者垂涎的职位,只是以终生为限。协议特别说明,科林的继承人无权染指其父的侍臣职位;但科林的实例说明,习惯比任何书面规定更有力量。[①] 圣日耳曼·德普雷修道院院长蒂博(1154—1162年7月22日)曾以绝罚要挟,禁止将维伦纽夫管家的职位传给当时的控制者之子。他的继任者于格五世从教皇那里得到谕令,解除了这道禁令,这位儿子——蒂博想阻止继承管家职位的人——成了修士们的管家。[②]

世袭性当然不仅限于职位,而且也适于酬答职位的封土。但是在这里,庄园主照例在继续规避一个非常严重的危险,这个危险来自管家甚于来自任何侍臣,此即逐渐产生的一种倾向:管家将他们个人的封土(他们持有的酬其役务的土地)合并于他们负责管理的庄园,其情形就如同伯爵们牺牲国王利益侵夺众多伯爵领,教士侵夺负责保护的众多教会土地。12世纪中叶,苏普兰维尔的管家

---

① 埃贝尔院长与女修道院的契约,见 Biblioth. de Sainte-Geneviève, ms. 356, p. 266-267(无日期);1225年巴黎,路易八世的契约,见 Giard, *Étude sur l'histoire de l'abbaye de Sainte-Geneviève* (Mém. de la Soc. de l'hist. de Paris), t. XXX, p. 90, n. 9。

② R. Poupardin, *Recueil des chartes de l'abbaye de Saint-Germain-des-Prés*, t. I, n° CXXXVI(1163年11月26日或1164年亚历山大三世的诏书)。

已经逐渐攫取了(如果不是全部)大半个村庄土地及其所有权,即使这样的实例仍是例外,也只能解释为此地的封主、圣克卢教士会势力弱小。① 庄园主尽力保存其财产的完整,但有时也不得不将少数庄园分给法庭里的一些高级侍臣,给管家一大片土地以及管家们征收上来的捐税的红利。有时候,管家被给予的土地规模是较大的,可以建立自己的佃领者,甚至像阿拉斯的圣瓦斯特修道院、卢瓦尔河畔的圣本笃修道院,与沙特尔的圣佩尔修道院一样,拥有自己的封臣(陪臣,即与修道院有联系的次级封臣);这样他本人就成为小庄园主。② 在一些地方,管家的位置是如此优越,在骑士、市民乃至其他更显赫的人物看来,买下管家位置是一笔可以获

---

① Bibl. Nat., lat. 5185d, fol. 1;法兰西与阿基坦之王路易七世(1137年4月1日—1154年8月);苏普兰维尔,塞纳-瓦兹,萨克拉镇。

② Guimann, *Cartul. de Saint-Vaast*, p. 352;363-364;374;375;393(最后的这个例证包括"宿客"[hôtes]即佃领人与陪臣)。根据1238年6月的一份协约,骑士让(Jean)将桑维尔的管家职位交给了圣本笃会,同时保留了他授予封土的人员,其中有一位骑士与一位骑士遗孀,见 Arch. du Loiret, H 30¹, p. 260(据普鲁先生和维迪尔先生[Prou et Vidier]提供的信息)。沙特尔的圣佩尔修道院修士们签署的解放契约,热米诺韦尔管家纪尧姆向修道院交出了管家职位,同时还有"两位年长的陪臣"(duos vavassores qui erant de sua majoria);1326年11月,Bibl. de la ville de Chartres, ms. 1136, t. III, p. 703,特别是 Guérard, *Cartulaire de Saint-Père de Chartres*, t. II, p. 690, n° CXI。同样,据1113年的一则通告(B. de Broussillon, *Cartul. de l'abbaye de Saint-Aubin d'Angers*, t. II, n° CCCCXXX),昂热的圣奥班修道院院长的封土包括:"皮伊兹·安索的佃领地与康斯坦丁·沙博内尔的封土";后者从这个修道院的侍臣那里持有封土,所以其本人必须是修士们的侍臣,当然级别比较低下;至少几次他作为证人出现在这个"家族"(即出现在桌面上);至于院长,他是释放奴,所以不是自由人。11世纪,在利摩日的圣马夏尔修道院的一个农庄里,"法官的封土"除了包括侍臣占有的份地,还有十块由其佃领者耕种的"边地",见 A. Leroux, *Documents historiques... concernant principalement la Marche et le Limousin*, t. II, Premier cartul. de l'Aumônerie de Saint-Martial, n° 27。

利的投资（他们的财产继承权很快就变成了可以买卖的东西）。1316年，克利门五世的侄子洛马涅子爵急于发财致富，从卢瓦尔河畔的圣本笃修道院获得了这样的财产，对此他并不感到有失身份。①

这些侍臣日渐显赫，他们还继续履行原来的职责吗？大多数法庭官员无疑最终不再保持原状，只是保留与其封土有关的空名而已，如法国圣德尼修道院的情况就是如此。12世纪末，在圣德尼修道院中，司马官、司酒官、厨师与内侍官的封土，以其承担的任何一种特定役务，已经难以区别于普通的封臣地产。② 在下洛林的圣特朗德修道院，每个人——包括勤杂工，如配钥匙、修窗户玻璃、修士们需要时为其身体放血的人——从1136年起，都企图将其负有一定役务的佃领地变成"自由的军事封土"。这一次他没有达到目标，但他的后人大概比他幸运。③ 这一解放运动遭遇某种抵抗，尤其是开始时遭遇了庄园主的抵抗；但最终他们似乎欣然接受了，有时甚至减少侍臣的封土或豢养权，支持这样做。④ 实际上

---

① Arch. du Loiret, H 30², p. 205, 蒂利的管家（根据普鲁先生和维迪尔先生提供的资料）。

② 在一份1189年的协议（Arch. Nat., S 2246, n° 7）中，人们想到一种可能的情况：持有一块封土的骑警"随院长骑行"（equitaverit cum abbate）。同样，1231年的命令规定，内侍官骑马追随修道院院长，是其职责之一，如果修道院院长不需要他随从，则需服侍备马。这些义务非常类似于军事封土承担的义务。圣德尼修道院的档案提供了关于修道院院长之下各侍臣的相当丰富的信息，可惜还没有得到恰当利用；参见Félibien, *Histoire de l'abbaye royale de Saint-Denys en France*, t. V, p. 279, n. a 中的一些提示。不再躬亲履行其责的重要官员需要出资提供替代者吗？在德国有一些这样的例证。我认为在法国文献中还没有见到过。

③ *Gesta abbatum Trudonensium*, IX, 12. Ganshof, *loc. cit.*, p. 173. *Le Livre de Guillaume de Ryckel* (éd. Pirenne)似不了解这些混合性的职责；上书第93页提到四种生计（operarii genestrarum），第94页提到一个教堂赎买了窗户修理工阿诺尔迪（Arnoldus）的职位。此人为同名？

④ 关于圣特朗德（Saint-Trord），见 *Le Livre de Guillaume de Ryckely*, p. 93。

他们从这一过程收获了实在的好处。他们确实需要招募新的家内人员,且由此需要建立新的封土或提供新的豢养,承担新的费用,或者按照开始盛行开来的更为灵活的新制度,每年以工资的形式花费一笔金钱。他们为此需要牺牲所得收入的小部分,而得到的补偿是,在数代人之间,他们可以得到来自社会底层的仆役的稳定的周到服务。马修·奥热是圣德尼修道院的侍从——我们不知道他是如何得到这个职位的:文献只是提到这个职位的倒买倒卖;1231年,他无疑是想从修道院获得免费寄宿而突发异想,于是声称自己在履行自己的使命:他要与院长同食共眠。教士们拒绝了他的要求。此事被提交裁决,教士们获胜;接受马修为侍从,但其职务被降低为骑马侍从,更有甚者,尽管马修提出很想做贴身护卫,但修道院院长不得不声明,他可以选择担任侍从还是马倌。[1]
至于管家们,13世纪末人们仍然看到,他们在许多村庄仍在履行旧的职责,征收捐税,看护封主的自领地。但在其他地方,他们的职责正在被大教会机构系统地赎买,如果他们是农奴,有时可获得自由权。但是,特别的一点是,差不多在各个地方,他们作为土地管理者的责任,不再具有重要性,因为封主们正在习惯于出租其自领地及其权利,这种习惯将持续到庄园体制结束。值得关注的是,在这些承租人中是否有众多管家。[2]

---

[1] Arch. Nat., L 886, n° 36 (1231年6月证人陈述),与 n°35(1231年6月17日圣德尼修道院院长厄德与让·德博蒙的判决)。

[2] 这种现象发生在德国西北部,在那里,封主自领地租给管家,然后演化为契约承租,逐渐适用于大部分的古代佃领地(Meierrecht),见 W. Wittich, *Die Grundherrschaft im Nordwestdeutschland*。

所有出人头地的侍臣所怀有的勃勃雄心,一直是过上当时所谓的高贵生活,即武士的生活,全副武装的骑士的生活,那些持有军事封土的封臣所过的生活。侍臣以其依附于封主的密切关系,通常要履行战争义务,这种义务在一个总是处于动荡状态的社会里,是极为有用且有荣耀的。对他们中的一些人——如马上人员与信使(caballari)——而言,①这一义务是其职责的核心内容;但通常说来,这种义务之外,他们还要承担各种任务所需要的具体职责。作为一个骑马随从,他最重要的职责是在马上效劳,指挥从头到脚全副武装的小队人马。早在查理曼时代,拥有职务(ministeria)的奴隶就由此而获得授权,拥有马匹、盾牌、长矛、佩剑与匕首。② 各地的侍臣等级(gent ministérielle)自然都具有好战的性格。1083 年 6 月 3 日,教皇城交到了亨利四世手中,这项大胆倡议来自米兰大主教手下两名扈从,其中一人是管家,另一位是面包师,根据朗迪尔菲的记载,这两个人"惯于殴斗,谙于冒险"。作为回报,他们被授予骑士称号。③ 庄园主们认为,这些仆役比封

---

① 在圣莫尔·勒福塞修道院院长蒂博时期(早至 1171 年,晚至 1187 年),埃夫里-珀蒂堡(塞纳-瓦兹,科尔贝区)的民众同意人头税的支付额。此后固定在总额 7 里弗尔,落实到家宅,但有四幢家宅豁免:管家的家宅;商贩(Cocherarius)戈蒂埃的家宅,这家宅是先前他从某位名叫安热伯达的人手中购买的;骑手(caballarius)埃尔诺的家宅;以及某位罗贝尔的家宅,这家宅先前是埃尔诺封土的组成部分。我认为这位骑手是侍臣;不应关注一位骑士封臣持有的军事封土的豁免权,这位骑士应被称作封主(dominus)(Arch. Nat.,LL 46,fol. 108;伊桑贝尔院长的协议,征收年金达 10 里弗尔,1195 年)。

② *Cap*. I,n° 25,c. 4.

③ Landulphi *Historia Mediolanensis*,IV,2;SS.,t. VIII,p. 9-10:《praelio et causis audacissimis assuefacti》. 我认为后面的"novis honoratis militibus"应译为"adoubés chevaliers"(授封的骑士)。这起码是 6 月 3 日事件的米兰译本。其他文献记载有所不同。参见 Meyer von Knonau,*Jahrbücher des deutschen Reiches unter Heinrich IV*...,t. III,p. 475,n. 12。此事无关紧要;不管这位面包师-士兵扮演何种角色,对我们而言,关键意义是他身披武装,可以立功。

臣更顺从听话,所以更愿意派遣他们担任军队要职。这种情况不是仅仅适于法庭里的侍臣,管家也参战。12世纪末,在内穆瓦的圣梅曼·德米西(Saint-Mesmin de Micy à Nemois)修道院的管家所承担的义务中,就有一项骑马随院长行动的义务。① 在波尼瓦,当地人奉沙特尔伯爵之命出征时,那些小头脑按兵不动。相反,管家们作为这个村庄所提供的小分队的队长,却高擎起了他们的教士封主们的旗帜。②

最显赫的侍臣既然已经习惯于身披佩剑,在军队中占据要津,他们如何不在言行举止上随处表现出武士之气,自视与军事封臣并驾齐驱呢?身佩骑士的武器,身着武士的服装,效仿武士的习惯(如狩猎之嗜好),成为10—12世纪的流弊,在卢瓦尔河畔的圣本笃修道院③,在博热④,在阿勒曼尼的圣加尔修道院⑤,编年史家极为强烈地谴责这些弊端,宗教机构的领袖们极力想遏制这些弊端。

---

① Bibl. de la ville d'Orléans, ms. 556, p. 327 (1184); Nemois, commune Tigy, Loiret.

② *Inventaire sommaire des Arch. D'Eure-et-Loir*, t. VIII, *Introduction*, p. 17 (juin 1265) et Layette IV, 5068.

③ *Miracula sancti Benedicti*, éd. Certain, VIII, 2 et 3.

④ Deloche, *Cartulaire de l'abbaye de Beaulieu en Limousin*, n° L. 文献提到"农奴-法官"(judices servi);在利穆赞,"法官"这个词仍带有法兰克时代以来的旧含义,表示官员即侍臣,特别适用于负责管理一座小庄园的侍臣;在这个意义上,它在法国大部分地区等同于"管家";众多文献都提及法官的份地即封土:"feodum al judze"见于 J. de Font-Réaulx, *S. Stephani Lemovicensis cartularium*, n° CXCIV;参见 n° CVII, p. 126 et 127, n° CVIII;"fevum jutzie"见于 H. de Montégut, *Cartul. du monastère de Saint-Pierre de Vigeois*, n° CII;参见 n° CCLXVII.

⑤ Ekkehard, *Casus sancti Galli*, c. 48(后来还是在圣加尔修道院,由于地窖管理员的职位,地窖管理员较管家地位更低,SS., t. II, p. 161)。还有某位管家自称"贵族",见 *Polypt. D'Irminon*, IV, 36。

但来自这些流弊的压力是不可抗拒的。

正如冈绍夫所做的清楚的说明,法律注定要追踪习俗。社会等级逐渐形成。披挂骑士盔甲、授予骑士称号,已经变成一种固定仪式,但这种仪式在原则上只为骑士之子而设。贵族成为法律上的一个阶级,包括拥有骑士资格继承权的所有人,不管他们实际上是否已接受骑士称号。13世纪上半叶这个运动发生于欧洲各地,仍未得到充分研究。这个新阶级发现,除了旧的庄园所有者,它还包括大量的侍臣家族——法庭中的官员,他们中的大多数人因其职业再难与整个封臣群体相区分;这个等级还包括管家,当然不是全部管家。① 但是,有些人拥有财富——有时包括实实在在的小庄园——过着传统的生活方式,与确凿的贵族身份的家族保持着联盟,对于这个等级的人,无人拒绝称之为骑士。13世纪下半叶众多管家拥有这种称号——从彼时起,这个称号需要从完整意义上加以理解——如果翻阅一下诸如法兰西岛这样的一个地区的档案卷,即可找到这类管家。人们有时可以密切跟踪一个具体家族,观察它如何逐渐稳固其社会地位。例如,1176年厄德地方的吕扎尔什的一个世俗庄园的管家。这位管家很富有,他曾在妻子生日之际,捐给埃里沃修道院一年的收入:约1塞堤埃*(小麦?)与4亚尔邦**土地;但没有资料显示他自夸侍臣之外的身份。但他的儿子雨果却从那时起自称骑士。他最迟在1183年接替其父担任

---

① 在德国同样有大量 Dienstleute,他们保持着农民的生活习惯,没有进入骑士等级。Weimann, *Die Ministerialität des späteren Mittelalters*,特别是 p. 7。

* 塞堤埃(setier):法国重量单位,1塞堤埃约为1加仑。——译者

** 亚尔邦(Arpent):法国旧面积单位,1亚尔邦约相当于20—50公亩。——译者

管家；不仅拥有土地，还享有年租与什一税。他有几个孩子，其中长子克勒曼（在1220年以前）也成为了管家。他也是骑士，拥有年租、磨坊与林地；他的兄弟们按照贵族中盛行的继承制度，从他那里分得封土财产；其妻是"管家夫人玛丽女士"。其次子巴泰勒米接受了马厩总管的称号；1220年7月，他在阿尔比教派中。* 他的第三个儿子勒努遁入教会，在吉斯成为了一名教士，唱诗班成员。四子博杜安，对于他的情况，我们不得其详，只知道他的女儿"贵妇康斯坦丝嫁给了一位骑士"。① 职衔、继承法、家族纽带、对诸幼子开放的职业、财富的来源，这些都是贵族的指标。假如有更多资料，我们可以对更多家族做出类似的观察！② 无可怀疑的是，在中世纪最后几个世纪与近代时期，在乡村生活中占据重要地位的乡村小士绅阶层，在很大程度上都可以追溯到侍臣那里，去认祖归

---

  * 阿尔比派（Albigeois）：反正统基督教的一个派别，是纯洁派的一支，因12—13世纪流行于法国南部图卢兹的阿尔比城而得名。参加者主要是市民、骑士和贵族。阿尔比派否认正统天主教的三位一体、圣礼和炼狱等说法，把教皇斥为魔鬼，宣称要打倒罗马教会，被教会定为异端。14世纪逐渐消亡。——译者

  ① 资料取自埃里沃特许状，见 Arch. de Seine-et-Oise, H non classé；参见 Bibl. Nat., Duchesne, 77, fol. 17 et 18。人们应注意到，于格在1176年晋身骑士，但他在1183年与1212年的两份契约中并没有冠以这种称号，这证明某些管家的骑士身份很容易为人忽略。Grand-Puits的管家家族的遗产也同样使用（Cartulaire blanc de Saint-Denis, Arch. Nat., LL 1158, p. 333；1225年5月8日），以及苏普兰维尔：Bibl. Nat., lat. 5185 d, fol. 2, Louis IX, 1238年7月；但在最后的这个案例中，庄园主提出异议。同样，将贵族管理权（la garde noble）用于管家职位造成一些难题，参见1270年1月12日卢瓦尔上的圣本笃修道院特许契约, Bibl. de la ville d'Orléans, ms. 490-491, p. 836（据普鲁先生和维迪尔先生提供的资料）。

  ② 比较吕扎什的管家家族。我们知道蒂日的管家家族（这个村庄——卢瓦雷雅尔若区——属于卢瓦河上的圣本笃修道院），是由1254年1月8日和7月26日的两个协议；吉拉尔是管家、侍从；他的兄弟邓尼斯与让，前者也是侍从，后者是办事员。

宗。这种基于职位——但仅限庄园职位——的贵族,在社会等级中先于穿袍贵族(noblesse de robe)崛起。穿袍贵族等级崛起于王室官员等级,这个等级的命运在法国君主制时期经常被提起。

三

至此我们一直避免触及侍臣史上的一个特别微妙的问题:他们很多人最初的卑贱境地。对于此一问题的这个方面,最终需要研究一下。

他们并非都是农奴。德国作者已经注意到,自由人进入侍臣阶层相对较晚(12—13世纪);有作者甚至认为他们是群体加入侍臣,这肯定是言过其实。这种说法让人想到的是进入一个界限分明的等级,我们很快将看到,这种说法不适于法国的情况。在法国,一直以来的情况是,生不为奴的人要承担庄园的责任,这是毋庸置疑的。在这种条件下,任何事物都不能阻止它保持自由。大约在11世纪初,图尔的圣马丁修道院中持有薪俸的侍臣,受雇而从事修道院内外的工作,将一些生而自由的人(des ingénus)与获释者(culverts,地位近似农奴的非自由人)一起列入他们的等级中。[①] 在沙特尔的圣佩尔修道院,在12世纪的最初几年间,修道院的仆役除了骑士,还包括一位制衣工、一位面包师、一位厨师以及一位医务仆役;前者似乎大部分是"由役务关系纽带联合起来

---

① 见现第45页注②。

的"，后者似乎是自由人。① 大约在1134年，巴黎的教士会议把它在罗祖瓦的管家职位托付给一位自由人（ut libero homini）拉乌尔。② 冈绍夫对佛兰德尔与洛林的众多庄园官员做过精细的追踪研究，在我看来，他在许多情况下过于相信他们的卑贱身份。在经常所见的情况下，如果卑贱身份的确凿特点缺乏精确证据，那么最好是承认对此不了解。Ministerialis 只是表示一种职务，familia（mesnie）可以表示家内人员群体，即各个级别的仆役乃至封臣，也表示一群农奴；这些词汇并不能证明什么。③ 封主转让某个仆役也不能证明什么，因为，按照这个时代的观念与语言，出卖一个人或把一个人给与别人，只是出让附在他身上的权利，这个表述既用于一个农奴身上，也用在封臣身上。④ 洛林契约书底端的签字通常是按照等级次序排列的，但它颇值得怀疑：如果自由人与农奴属于同一群体，难道他们的名字就不能随意地混杂在一块儿吗？

实在说来，冈绍夫之所以轻易接受这些相当脆弱的证据，只是因为他脑子里只有一个单一的假设，而且是有意无意地接受之：假若我理解得不错，他很自然地认为，在加洛林时代与12—13世纪的大解放运动之间，只有自由人是"贵族"，更确切地说，自由人就

---

① 见现第44页注①。

② Guérard, *Cartul. de Notre-Dame de Paris*, t. I, p. 383, n° XVI.

③ 冈绍夫比任何人更清楚地阐明了其意涵的斑斓多彩。关于 ministerialis，见 p. 234, n. 5；关于 familia，见 p. 233, n. 2。但在另一方面，他似乎又从同一些字中汲取了一些几乎难以确证的意涵。参见 Des Marez, *Note sur la ministérialité*；对冈绍夫关于 ministeriales 卑微起源论整个观点的详细批评，见 M. Champeaux, *Rev. hist. du droit*, 1927, p. 751。

④ 参见 J. Petot, *L'hommage servile*；*Revue hist. du droit*, 1927, p. 68, n. 1；可以引述其他例证。中肯的评论也见 L. Verriest, *Le servage dans le comté de Hainaut* (Acad. royale de Belgique, Cl. des Lettres, Mém., 2ᵉ série, t. VI, 1900), p. 30。

是军事封臣与那些拥有自主地领有权的人；社会上的其他人全部都已沦陷到奴役状态。这里我不能对这个理论详加讨论，这个理论一再受到抨击，且抨击得完全正确。在我看来，这个理论首先是基于不充分的词语分析。中世纪的语言对"自由"(liber)这个词的使用，是极为含糊不清的。有时它用于一个人的状态，这个人不是农奴（也不是类似的状态，如获释者[culvert, collibertus]），有时又更加朦胧地用来描述封主权力的相对松弛状态。第二层含义又可以有无数的细微差别：在这个意义上，几乎不存在任何人称得上比其任何邻人更自由；另一方面，任何人（可能除了不需要效忠别人的自主地封主）都难以算得上是绝对自由的人。只是第一层意义对应于明确的法律概念，只有这层意义一经产生便被法学家所采纳。如果我们想使论述清晰，我们必须坚持这个含义。一个无可否认的事实似乎是，在所有阶段上，即使在最卑微之人中，也存在这样一些人：他们虽因持有佃领地而须承担对封主的各种捐税与役务，但并非因农奴制的人身的与世袭的纽带依附于封主。在一个典型的封土与封臣制社会中，只会有两种土地：封土或非自由的佃领地；也只有两类人：封臣与农奴；但这种理想的完美类型是从来不存在的，所以总有一些自主地与一些自由的维兰。①

---

① 冈绍夫经常使用"半自由人"(demi-libre)这个词来指示农奴的地位，在我看来，"半自由人"这个词是不合适的。中世纪从未使用过这个词；农奴被认为是完全没有自由的。"不自由"这个观念是很微妙的，无疑值得分析；但是，如果代之以另一个概念——这个概念本身并不清晰，也不对应于农奴制度下人们使用的分类——那么，我们将一无所获。此外，把封主对于半自由的依附者的权力称作"财产权"(Ganshof, *loc, cit.* p. 257-258)，是不是误用了精妙的法律呢？将我们自己的理论强加于历史是没有好处的；我们已经做了许多工作以解释从前法学家精思附会的东西。

不过，大量侍臣无疑出身卑微。博热的法官是农奴，修士们曾阻止他们身带佩剑。阿勒梅是梅森塞勒的大管家，也是一个农奴，他为了一桩风光旖旎的婚姻付出巨大代价。我们在文献中看到的与主人争吵的倔强的管家，大多数都是农奴，而且姓名俱在。从各种迹象看，非贵族兵士（milites ignobiles）也是农奴，11世纪末他们与"贵族的"骑士一起组成了塔尔蒙的庄园主的法庭。[①] 人们只要浏览一下13世纪的契约书，就会看到无数的侍臣获释事件，这些人能够获得自由，从前必定是农奴，他们或其祖辈同样曾是侍臣。更有甚者，某些庄园主倾向于制造奴役地位——他们视之为依附关系的保障——作为持有某些职位的必要条件。[②] 一方面是原本不存在的自由，另一方面是众多人升入贵族等级，我们如何加以解释呢？

我已经指出过这一点，但需要不断地强调：10、11、12世纪的社会不是等级社会，而是人群堆积起来的社会，包括依附于封主的农奴与封臣，而封主又附属于其他类似的人群。严格说来，并没有一个贵族阶级，而只有一些人生活姿态高贵；也没有世袭的骑士，只有一些浩浩荡荡的服兵役的骑马者。任何一个披坚执锐、不从

[①] De La Boutelière, *Cartulaire de l'abbaye de Talmont* (*Mém. de la Soc. des Antiquaires de l'Ouest*, t. XXXVI, 1872), n° LXIII (1078-1081).

[②] 1243年2月，圣梅曼·德米西修道院的管家们释放了他们在瓦勒的圣德尼修道院（Saint Denis au Val）的管家"a jugo servitutis quo nobis *racione majorie* erat astrictus"（摆脱了自我们先祖以来就隶属于我们的奴役枷锁）；但这位获释奴确实仍然把持着管家权力（Bibl. de la ville d'Orléans, ms. 556, p. 324；参见 ms. 488, fol. 68 v°）。封主所考虑的是，只把这类位置付托于他们的农奴或获释农，这种考虑在各种协议中居于突出位置，如 Halphen, *Le comté d'Anjou*, p. justif. n° 6；关于路易六世的特许状，见 p. 513, n. 3；参见 *Les Colliberti*, dans *Rev. Hist.*, janv.-févr.-mars 1928。

事遭人鄙视的职业的强势人物,都可以称作骑士,并接受这样的装备。可以肯定,某种卑微地位的符号就是农奴的标志。把他与封主连接起来的纽带是世袭的,而封臣的身份在法律上则不是世袭的。① 这种从他生命初期既有的天生依附关系,压在他微贱的身上,如居伊·科基耶*所说,使依附性浸透到"他的骨肉",排除了任何从属关系的选择权,同时代人说到"自由"被剥夺时,首先想到的特点,也许就是这种依附关系。这样的人因家族身份被迫忍受这种屈辱。他通常不能作证控告自由人。教会无情地拒绝他获得圣职。此外,那些具有强烈社会身份感的人也不允许他仿效骑士的生活方式。卢瓦尔河畔的圣本笃会的编年史家,称一位农奴出身的骑士为"假兵士"(spurius miles)。② 同样需要注意的是,诗人们解释城堡里的上流等级的观点时,谴责的丑闻恰恰不是将农奴封为骑士,而通常是将"维兰"封为骑士;"维兰"是农民,但不是以个人身份被认定为农民(因为一个人可以是"维兰",但享有自由),而是以其职业及先祖职业被认定为农民。《鲁西永的吉拉尔》里的抱怨之词是:"我的上帝啊,这位德高望重的武士把一位维兰之子

---

① 封臣关系的世袭性质只是一个约定的事实。在法律上这种关系并不存在,在臣服礼举行以前不带来法律上的后果;在契约的任何一方(封主或封臣)发生变更时,这种关系必须重新缔结。

* 居伊·科基耶(Guy Coquille,1523—1603年):法国著名学者、习惯法学家。——译者

② *Miracula Sancti Benedicti*,éd. Certain,VI,2,p. 219. 这种"假骑士"不是侍臣;参见现第73页注①。

培育成了骑士,并把他擢升为大管家及幕僚,得到的报偿何其可怜!"①生活方式似乎比法律状态更为重要。许多侍臣虽出身微贱,但不妨碍他们晋身骑士,同时获得封主类型的财富,其原因在此。

大可想见,他们当时唯一想做的事情,是抹去其出身带来的污点,因为出身带来众多令人轻蔑与痛苦的资格缺失。他们通常都获得了成功,这并不令人吃惊。我已经指出,要证明卑贱身份有时是很难的。② 支付人头税是卑贱身份最肯定的标志,但在许多地区,人头税已逐渐不再征收:不是所有的庄园主都聪明地认识到,人头税虽然收益不大(因金钱贬值还会进一步缩水),但是固持之符合其自身利益,因为在与反抗的农奴发生争执时,人头税是最根本的法律武器。③ 加尼耶·德迈利(卒于1050年或1051年)管辖第戎的圣艾田修道院时,子爵的管家(也是修士们的农奴)声称,有权利秘密支付这种令人耻辱的捐税;但是加尼耶迫使他在众目睽

---

① Éd. W. Foerster (*Romanische Studien*, V), v. 946 及以下; trad. P. Meyer, §60;"维兰之子"这一表述同样出现在《路易的加冕礼》中。认为农业劳动为卑贱之事的观念是极为古老的;在法兰克时代这种观念表现在 opéra servilia(贱役)这个短语中。参见 Petot,*L'hommage servile*, p. 103, n. 2。这种观念也见于德国:1154—1164年,阿赫尔伯爵免除了其侍臣的耕作劳役,因为这种劳役有悖于"荣耀",见 Lacomblet, *Urkundenbuch*, t. IV, n° 624;P. Sander et H. Spangenberg, *Urkunden zur Geschichte der Territorialverfassung*, t. II, n° 97, c. 17。在大多数地方,尤其是在法国,这种观念将是"贵族生活"观念的根基。所谓"贵族生活"就是,如果一个贵族想使用其特权,就必须这么过生活。见1235年、1237年、1238年普罗旺斯的雷蒙-贝伦加尔五世的规章, F. Benoit,*Recueil des actes des comtes de Provence appartenant à la maison de Barcelone*, t. II, n° 246, c. TV b;275, c. Vb;227, 278,并参见 V. Bourilly et R. Busquet, *La Provence au Moyen Age*, dans *Les Bouches-du-Rhône*, *Encyclopédie départementale*, t. II, p. 565 et 715 (单行本, p. 269, 419)。在英格兰,这种观念注定获得更严格的法律形式:自13世纪起,卑贱的役务是维兰制度(古代奴役制的新形式)的特点之一。

② *Rois et serfs*, p. 35.

③ 沙特尔的修士是出色的管理者,他们从未停止此一要求。

睽之下,将人头税放在圣坛上。一个多世纪以后,提到这个事件的修道士写道:"我不提及这个人的名字,以免冒犯他的后人,这些后人现时正在骑士名号下风光无限呢。"① 当然,这些熠熠生辉的武士们已经完全不会在圣艾田修道院的圣坛上放置钱币了。

出身卑贱的骑士渴望飞黄腾达,必定会遇到旧的封臣家族成员的危险敌视,正如《路易的加冕礼》所说,这些人不会接受一个国王将"一个管家或路政官的儿子"擢升为幕僚。② 他们仍有可能被人粗鲁地提起其世袭的先祖。冈绍夫已经追踪研究了布鲁日的加尔贝,追溯了佛兰德尔的封主艾朗博家族的盛衰。艾朗博是香槟伯爵慷慨者亨利宫廷的侍从官,他的不幸遭遇虽属于不太严重的悲剧事件,却也提供了叙事故事的材料。在这个叙事故事中,茹安维尔无疑从香槟贵族的各传说中借用了一个主题,讲故事的人发现这个主题很容易铺展发挥。③

---

① Pérard, *Recueil de plusieurs pièces curieuses servant à l'histoire de Bourgogne*, p. 130 : «cujus nomen praeterimus, ne heredibus ejus qui militari honore praefulgent grave videatur.»

② V. 207. 参见 Wace, *Roman de Rou*, v. 797 理查二世的赞词:"Ne vot mestier de sa meison——Duner si a gentil home nun"(不将[幕僚职位]留给家臣,而交给贵族),等等。

③ Joinville, c. XX; Jacques de Vitry, *Exempla*, éd. Frenken (*Quellen und Unters. zur lateinischen Philologie des Mittelalters*, V, 1), c. XVII, 编者在一个注释中列出了参考书目,参见 d'Arbois de Jubainville, *Histoire des ducs et comtes de Champagne*, t. II, p. 127. 出身卑微而获得光明前程的另一个实例(此属和平发展),不加疑问是不可引述的:吉拉尔·德阿泰是失地约翰的最优秀的副官之一,图赖讷的管家,名见《大宪章》,整个家族获免捐税,如果纪尧姆·勒布雷东的话可信(*Philippide*, VIII, v. 148),吉拉尔应出身为昂布瓦斯的封主的农奴。这个信息绝对可靠吗? 利尼的朗布龙(Lambron de Ligny)(*Mém. Soc. archéologique de Touraine*, t. VIII, 1855, p. 176)拒绝《腓力颂》(*Philippide*)证据的理由不能令人信服。不过,人们不能不疑问,吉拉尔是不是同类人诽谤的牺牲品。把一位敌对骑士当作农奴之子,毁掉他的声誉,是很容易做出来的! 至于这类责难的脆弱性,乃至司法判决——以我们不再相信的证据法做出——的权威的薄弱性,见 M. Champeaux, *Revue histor. du droit*, 1927, p. 751 出色的评论。关于教会论战中使用此类武器,见 Marc Bloch, *Rois et serfs*, p. 26, n. 3。

但其他一些出身农奴但野心不太大的侍臣,却不太困难地获得了成功,名声得到承认,晋身骑士等级。一些人,也可能是大多数,逐渐摆脱了实际上的奴役状态。另一些虽获得新的职位,但仍受它的束缚。这些人构成了我们的文献中不时提到的农奴-骑士的大多数。①

由于这样的一个缓慢的演变过程——它在这个时代的风俗中经历了长期的准备——迄至当时还相当模糊的等级观念获得了勃勃生机。奴役制越来越不被视为人身束缚,而越来越被视为社会

---

① M. Ganshof, *loc. cit* p. 74 et 78 对他搜集的其著作之前的有关农奴-骑士的资料做了很好的概述。我们可以补充他所引述的文献,或他提及的著作所引述的文献,除了有关努艾勒的文献——其中的段落将在本注释末提及——还有一些例证涉及向骑士征收的奴役性永久保护费:Auger, *Les dépendances de l'abbaye de Saint-Germain-des-Prés*, t. III, p. 298(mai 1236)以及 *Olim*, t. II, p. 373, n. 8(1294)。所有的农奴-骑士并不必然是侍臣;在那些身份卑贱的冒险家中,有一些离开故乡,在遥远的异乡发迹,参见 *Miracula S. Benedicti*, VI, 2。奥尔良的圣艾尼昂修道院属下的"外来"农奴的释放契约,或如 Hubert, *Antiquitez historiques... de Saint-Aignan*, pr. p. 109 所证实的,在接受恩地者中有一些人"自称是兵士"(se milites dicebant)(这个契约涉及一些"外来人",这一事实由 *Layettes du Trésor des Chartes*, t. I, n° 819 一章中的一封信得到澄清)。但是无可怀疑的是,大多数晋身骑士的农奴之所以获得进阶,是因为一个事实:他们都担任过侍臣职务。同样,对于一个冒险者而言,成功的机遇通常在于被某个富有的封主家族所接受,担任侍臣。我们已经特别谈到了成为主子侍臣的农奴;但是,除了这些人,我们也要谈谈本身是逃亡者而自愿选择做封主农奴的农奴;那些苦心经营进入骑士行列的农奴。11 世纪末,努阿耶地方圣朱尼安修道院的修士们责备昂热洛姆·德墨特莫:"圣朱尼安的奴仆们常常来投奔他,其中一些人在他家中做奴仆,他未经修道院以及教士们的同意,就某些人封为骑士"(Servi vero sancti Juniani ad eum venire solebant et ex illis suos servientes in domo sua, vel quoslibet ministros, quosdam autem milites faciebat absque consensu abbatis atque monachorum, Guérard, *Polypt. d'Irminon*, App., n° XXVI)。但这里的 milites 一词指的是受封的骑士吗?抑或仅指武装人员? 在这样的文献中,我们大可怀疑这一点。对于获释的骑士(culverts chevaliers)与获释的侍臣,参见 *les Colliberti*, p. 385-451。

地位低下的标志。骑士身份与农奴制变得截然不容:"男女农奴不能成为贵族"将成为普通法的准则。① 在法国与英国,从13世纪初起,这已是既定事实。② 按照圣路易统治时期巴黎最高法院的一个著名判决,为自己的农奴举行骑士授封礼,不管是否出乎其意愿,都将视为准其自由。③ 那么,农奴-骑士情况又当如何? 在这个世纪的前半叶,人们还偶或见到这样的几个人,但他们中的大多数人或其后代似乎已经脱离了农奴制。有些人真正获得了自由,有时获得自由的条件,是他们放弃从主子那里获得的职位。④ 许多人无疑经由一个简单训令就发生了改变。有的侍臣已经获得了财富与权力,但不能获得骑士身份——他们似乎处在一些大的教会封主的土地上,这些教会封主紧紧地控制着其职员——对于他们的继承权,正在席卷整个法国的大自由运动,使他们可以清除卑微身份的污点,办法是在继续攀升社会地位前,支付一笔金钱。我们经常看到,管家花钱获得解放,要比村中的其他人早几年。后来的一部分小贵族不仅来自从前的侍臣,也来自曾经的农奴。

---

① [Jacques d'Ableiges], *Le Grand Coutumier de France*, éd. La Boulaye et Dareste, II, 14, p. 212.

② 农奴地位与骑士身份的难以调和,显见于13世纪下半叶英国法学家对农奴身份诉讼案件的处理。参见 Bracton, fol. 190 b (éd. Twiss, t. III, p. 230); Britton, c. XXXII (éd. Nicholis, t. I, p. 207-208); *Fleta*, II, 51 (Houard, t. III, p. 244)。

③ Beaumanoir, §§ 1449-1450. 如果我对 L. Gautier, *La chevalerie*, p. 262, n. 2 的引述理解不错的话, *Chanson d'Aspremont* 未刊版本中的一段文字似乎就受到这种观念——举行授封仪式本身使人获得自由——的启发。

④ 如 J. Thillier et E. Jarry, *Cartulaire de Sainte-Croix d'Orléans*, n° CLIII (1er févr. 1210)。这种情况似乎少见;但是"骑士"一词是否在这类契约中被悄无声息地略过了呢? 参见 p. 519, n. 1(现第67页注②)关于吕扎什管家的讨论,但他无论就法规还是出身都是自由人。在这里我们只是提出问题。

四

现在称作《萨克森法鉴》的德文习惯法,我们有 14 世纪完成的法文译本。译者对两种语言以及其对应词颇为熟悉。譬如,他非常准确地以法文的 fief 对译 lehn。不过,dienstman 这个词让他为难。有时他想到一个接近的译法 vavassour(陪臣),这个词在他脑海里如同在文献中一样,唤醒的是小贵族这个观念;或者使用一种虽冗长但更正确的表述:"身处高位的非自由人";有时——在更常见的情况下——他只是满足于转写原文。[①] 他显然认识到德文 dienstman 在法文中没有确切的法律对应词。这位谦逊的译者对于比较史颇有理解。[②]

法国的侍臣阶层演化的特点,可以相当圆满地描述为:主要的庄园官员构成一个强大的社会等级,这个等级由世袭的义务与封

---

① G. A. Matile, *Le Miroir de Souabe*; *vavassour*; c. III (= *Schwabenspiegel*, éd. v. Lassberg, c. 2); c. CII (*Schw*. 104);—*dienstman vavasors*, CXXXVII (*Schw*. 138);—*hautes genz qui ne sunt mie franc*, CLXIII rubrique (*Schw*. 158);更不完整的,见 *ome qui n'est frans*, XLVI (*Schw*. 46);—*dienstman, dienstman, diestman*, LXV (*Schw*. 68); LXVI (*Schw*. 69); CXLIII (*Schw*. 142); CLXIII (*Schw*. 158);封土权利,见 I, LXXXIIII (*Schw*. 308)见 II, *prol*. (*Schw*. *Lehnr*. 1)。

② 冈绍夫对德国各主要理论的清晰论述,为法国史学家提供了极大的方便,我没有必要再论述这些理论。遗憾的是,他没有见到这本著作:K. Weimann, *Die Ministerialität des späteren Mittelalters*, 1924, 这本书文笔拖沓而滞涩,但满是有用的材料。在有关侍臣阶层的书目中,他(p. 38, n. 2)列出了 Dahlmann-Waitz, *Quellenkunde der deutschen Gechichte*, 这本书确实过时了,应该向读者推荐 R. Schröder, *Lehrbuch der deutschen Rechtsgeschichte*, 6ᵉ éd., 1919, p. 472, n. 8, et p. 1026。

土而得到巩固(这一重要特点使他们有别于今日的官员集体),后来众多人获得了贵族身份;但是他们从未形成一个法律上界限分明的等级。在英国与意大利,似乎大致上也是这幅图景。① 通过冈绍夫的著作我们知道,由于保留了管家职位的一个奇异特性,佛兰德尔没有偏离正常的法国类型。在洛林诸公国,虽有德国惯制的影响,但侍臣等级从未超出萌芽状态的法律地位。相反,德国从非常类似的起点上,却有截然不同的发展。从很早的时候,人们就看到,大庄园上侍臣是一个与众不同的群体,这个群体富有勃勃的团队精神(esprit de corps),拥有明确的特权;这种情况真实存在,有必要将这些小团体特有的风俗形诸文字(据我们知道,1057—1065年首次在班贝格见诸文字;但是,我们发现,早在1020年,有关艾克斯拉沙佩勒的圣阿德尔伯特教士会的地产,就提到了有关侍臣的"法律",很可能只是纯然的口头状态,但已经被认为是界限分明的东西了。)② 他们已经有自己的法庭,而这时他们的法国同

---

① 关于英国的侍臣等级,参见 Vinogradoff, *Villainage in England*, p. 324-325; *Growth of the Manor*, p. 359。与法兰克侍从(scacarii,随从与传令员)类似的 radmen, 见 *English Society in the Eleventh Century*, p. 69 以下;关于意大利,见 F. Schneider, *Entstehung von Burg und Landgemeinde*, p. 244。弗里乌尔(Le Frioul)在其惯制中是非常日耳曼化的,应视为特例。

② Bamberg, *Dienstrecht* 已经再版几次,尤其是 Altmann et Bernheim, *Ausgewählte Urk.*, 5ᵉ éd., n° 77。关于亚琛,见 Lacomblet, *Urkundenbuch für die Geschichte des Niederrheins*, t. I, n° 157. — Th. Tyc, *L'immunité de l'abbaye de Wissembourg*, p. 72 以下有一些材料论侍臣阶层观念的发展,非常有趣。1102 年亨利四世的特许状只是承认修道院院长可以在"侍臣恩地上"(in beneficium servientis) "拔擢"(promovere)任何"家族"成员,于是削去了他的诉讼代理人的权力,达格伯特的假特许状草成于 12 世纪中叶,受到地道的帝国契约的影响,它以这些话表达了同样的观念:"在秩序与法律上可以拔擢侍臣"(ut in ordinem et jus possit promovere ministerialium)。

行似乎还仍然听命于通常的庄园法庭。12、13 世纪侍臣法（jus ministeriale）到处发展起来，内容疏密随不同的庄园而有所变化，《萨克森法鉴》(III,42,2)的作者已明显注意到这一点，它到处都显示出一种独具特色的两重性：一方面是奴役性质的义务，这种义务对应于大多数侍臣（dienstman）的出身，但也加诸已经进入这个等级的自由人；另一方面也有一些本质上属于贵族的权利。在法国，当贵族成为界限截然分明的等级时，以前既可是骑士又可是农奴的侍臣们，或者停止做农奴，或是放弃骑士资格。在德国，侍臣即农奴-骑士，在贵族等级内形成了一个独特的等级，被习惯法、法律典册与帝国宪法所接受。德国南部的法律，通过补充性的条文，进一步将它划分成更低的等级。[①] 它最终真正地与小贵族等级融为一体，只是在时间上较晚：在南部直到中世纪末期才发生。在莱茵河下游，情况更为复杂：在骑士侍臣等级之下，那些没有进入贵族行列的侍臣赢得了自由，在 14、15 世纪通过一种特意设计、通常仪式化的程序，形成了一个界限分明的等级。[②] 各地庄园主的仆役与侍臣家族已经催生出法律上的级别。

对于两国间如此分明的对照，我们如何加以解释？

冈绍夫似乎视之为简单的时间上的差异。他说："在法国，整个社会向封建类型发展更为迅疾，侍臣等级（ministérielles）……从 11 世纪的路线上融入了贵族等级。"我真不知道这种"封建类

[①] 参见 M. Ganshof, p. 56-57（依据 Zallinger）所做的出色的概述；也参见 J. Ficker et P. Puntschart, *Vom Reichsfürstenstande*, t. II,1, p. 209 以下。

[②] 见 Weimann, *Die Ministerialität im späteren Mittelalter*；此为该书的基本结论。

型"是何意思；这种标签是如此灵活多变，历史学家如果不对它加以界定就应规避之。首先，我没有看到法国贵族等级在11世纪已经形成，我也不认为它在总体上比德国形成更早。它发展的转折点是骑士等级成为一个世袭性的阶级。这种变化真的发生在1100年以前吗？冈绍夫先生无疑不能证明这一点。

更奇怪的是，泽格林（Zeglin）女士认为可以从"绝对效忠"制度来解释法国"侍臣等级的缺失"。① 她坚持认为，封主们之所以不需要侍臣，是因为他们能够在自身周围纠集一伙关系密切的"绝对臣服之人"（hommes liges）。但是，何为绝对臣服之人？这个词会使人想到紧密的依附关系，②在12、13世纪它有两种不同的含义：一方面它在许多场合下表示农奴；③另一方面它指一类封臣，这类封臣有诸多封主，其中一位要求他们特别严格的臣服，这种臣服关系将他束缚于这位封主，密切程度超过共存的任何其他一位封主。某些身为农奴的侍臣由此被称为绝对臣服之人。另一些人也以最严格的形式效忠，也被称作绝对臣服之人，但原因非常不同。这两部分人与一些范围大小不同的人群共同拥有这个名称，只是职责有所不同。这些职责太过专业化，农奴与封臣集体乃至绝对封臣都不能胜任。

---

① Loc. cit., p. 70-71. Pirenne, *Qu'est-ce qu'un homme lige ?* dans *Acad. royale de Belgique, Bulletin de la cl. des Lettres*, 1909 提出的理论为泽格林女士所继承，虽有一些显然的差别。

② 我这里不讨论该词的词源；关于词源以及对绝对臣服的讨论，最近的著作是 C. Pöhlmann, *Das ligische Lehensverhältniss*, dans *Zeitschrift der Sav. Stiftung*, G. A., 1927。

③ 在 *Rois et serfs*, p. 23, n. 2（以及补充与修正）中，就这个名称的这种用法，我提供了一些资料。我可以补充其他例证。参见 J. Petot. *L'hommage servile*。

实际说来，侍臣等级主题所涉及的问题，应被当作一个更宽泛问题的特别案例来研究。德国中世纪法律的整体特点，是浓郁的等级观念的发展，法国民众特别难以理解这一特点。其精神雄辩地体现在"骑士盾牌"（Heerschild）理论上，这种理论将所有封土持有者置于社会阶梯的六或七个"梯级"上；占据某个级别的人，迫于社会等级的压力，不能成为更低级别之人的封土依附者：这无疑是具有人为严格性的法学家的建构；但其根系却深植于事实。德国以外没有类似的东西。同样的倾向见于法律生活的所有方面。一本中世纪英国法历史手册论人身地位的一章，几乎可以对贵族等级置之不论。梅特兰*说："我们的法律几乎不知道贵族即绅士等级；所有自由人在法律面前基本上一律平等。"[①]在法国，一本类似的书要投入相当大的篇幅讨论各类贵族，视之为多少具有同一性的等级。而德国人的一本著作会将贵族区分为几个群体，这些群体甚至全然没有通婚关系（connubium）。同样，与法国的著作不同，论非自由人的大多数德国习惯法，要区分几个截然分明的等级。[②] 在这样一个叠层的等级结构中，在某个时期内一个或多个位置留给庄园里的侍臣，尤其是集农奴与贵族于一身的人，人们不会讶异。但这难题并没有解决，只是使问题延伸更远，更为严重。

---

* 梅特兰（Frederic William Maitland，1850—1906年）：英国法学家，剑桥大学英国法教授。主要研究比较法理学，特别是英国法制史。最著名的著作包括《爱德华一世时代以前的英国法历史》（两卷）、《英格兰圣公会的罗马教会法》《英国法律和文艺复兴》《英国宪制史》等。——译者

① Pollock and Maitland, *History of English Law*, t. I, p. 408. 更精确的论述，参见 Maitland, *Constitutional History of England*, p. 171："我们从未有贵族阶级。"

② 在法国的某些地区，在农奴阶层之上，存在着另一群非自由人，即获释农（culverts/colliberti）。但从12世纪上半叶之初，他们就整体性地融入了农奴阶层。

德国法律固有的等级趋势,使其迥然不同于西欧与中欧(Europe occidentale et centrale)的其他法律体系,对此如何加以解释? 如果有史学家能够提供圆满解释,他就可以自豪地说,已经窥视到了往昔社会的最隐秘的堂奥。但我们尚未臻此境界。①

(本文根据 Marc Bloch,*Mélanges Historiques*,2 Vols,Paris: 1963, pp. 503-528;以及 *Land and Work in Medieval Europe*: Selected Papers by Marc Bloch, trans. by J. E. Anderson, London:Routledge & K. Raul,1967,pp. 82-123 对照译出。)

---

① 冈绍夫在其著作末尾重印了两篇修改过的研究报告,之前这些报告研究列日的 *homines de casa Dei*(神诉之人)以及阿拉斯的 *homines de generali placito*(普通法庭之人)。后一种制度所提出的问题——这种制度仅见于阿拉斯——需要整体上再加研究。很有可能,出席法庭(plaid general)的援助义务——在法兰克时代是所有自由人都要承担的——逐渐限于某些佃领地。梅特兰揭示了在英国的伯爵法庭与百人法庭也存在类似的过程。所不同的是,在英国,伯爵法庭(并不总是百人法庭)没有被置于封主羽翼之下,而在法国,普通审判庭却成为庄园的一种机构。

译 后 记

在国际史学界,马克·布洛赫享有"比较史学之父"之美誉。"论欧洲社会的比较历史研究"是1928年他在奥斯陆"国际历史学大会"上宣读的论文,是马克·布洛赫史学著作中的名篇,是其全部著述中关于比较史学方法论的最集中的表述。这篇文章中提出的历史比较研究所运用的方法及遵循的基本原则,展示了他关于比较历史研究方法论的深思熟虑,被认为是关于"比较史学"的经典之作,一直受到国际学术界的关注与重视,影响深远。"比较历史研究中的法国与德国侍臣阶层问题"是布洛赫实践其比较史学研究理论的一个范例。前者讨论理论与原则,后者是实践其思想的具体的比较研究案例。两文对照研读,有助于理解布洛赫的比较史学理论,故一并译出,以飨读者。

"论欧洲社会的比较历史研究"由小女含芝从英文译出,是我安排她所做的一次翻译练习。这次翻译实践让她初步体验了翻译之难,叫苦不迭之下得到一次难得的磨练。我对译文逐字逐句加以校对、修改,并依法文版再加校对。这个作品是我们父女合作完成的。

翻译工作是一件神圣的事业,但做得令人满意可谓难乎其难。译者所扮演的角色犹如神灵与俗众之间的巫师,一面要仔细聆听、准确领会诸神的意旨，一面要以俗众喜闻乐见的语言传达出来，让人们准确地领悟其中的意涵。在两种语言转化之间，译者必须具备"迎来送往"的全套本领，既不能遗漏作者文中表达的任何一个信息元素，也不能望文生义，穿凿附会，无中生有，更不能不顾译文的表达规范与读者的阅读习惯而自行其是。合格的译者除了具备相关的语言能力外，还需要具备翻译技巧与相关专门知识，其情形犹如身披枷锁跳舞，必须接受客观存在的外部约束，但在身不由己的束缚之下，仍有闪展腾挪、善用匠心的空间，关键是把握自由与不自由之间的分寸：既要小心翼翼，遵守规矩，不能天马行空，率性而为，又要当断则断，大刀阔斧，不可胶柱鼓瑟，不知变通。一言以蔽之，优秀的译文需要付出挖空心思、锱铢必较的辛劳。我深知自己力有不逮，虽一心一意，全力以赴，但舛误之处恐仍难免，故深望读者不吝赐教。

张绪山

2022 年 3 月

于北京清华园

图书在版编目(CIP)数据

论比较历史研究/(法)马克·布洛赫著;张绪山,张含芝编译. —北京:商务印书馆,2024(2025.6重印)
ISBN 978-7-100-23430-6

Ⅰ.①论… Ⅱ.①马… ②张… ③张… Ⅲ.①历史社会学—研究—欧洲 Ⅳ.①K03

中国国家版本馆CIP数据核字（2024）第044979号

权利保留，侵权必究。

论比较历史研究
〔法〕马克·布洛赫 著
张绪山 张含芝 编译

商 务 印 书 馆 出 版
（北京王府井大街36号 邮政编码100710）
商 务 印 书 馆 发 行
三河市兴达印务有限公司印刷
ISBN 978-7-100-23430-6

2024年4月第1版 开本850×1168 1/32
2025年6月第2次印刷 印张 2⅞
定价：25.00元